Harald Jelinek

Die Berufsfeuerwehr Wien und Ich 1988-2018

Harald Jelinek

Die Berufsfeuerwehr Wien und Ich
1988-2018

Goldene Rakete Verlag für Belletristik

Imprint

Cover image: Vom Autor bereitgestellt

Publisher:
Goldene Rakete Verlag für Belletristik
is a trademark of
International Book Market Service Ltd., member of OmniScriptum Publishing Group
17 Meldrum Street, Beau Bassin 71504, Mauritius

Printed at: see last page
ISBN: 978-620-2-44463-7

Vorwort

Als ich so etwa im Jahre 2000 das Buch zu schreiben begann, war ich im 32. Lebensalter. Veröffentlicht wurde es m Jahre 2006, ein Jahr, welches mich auch anderweitig stark beeindruckte, mein Sohn wurde geboren. Bis zum Dezember des vorigen Jahres, also 2017, wurde mein Buch durch einen österreichischen Verlag betreut und auch damals verlegt. Mit Beginn des heurigen Jahre, wurde ich darauf aufmerksam gemacht, dass der Vertrag ausläuft, die erste Auflage sich dem Ende neigt und ich mit einem Selbstbehalt eine zweite Auflage unterstützen könnte. Ich antwortete mit dem Argument, dass, wenn ein Vaerlag eine zweite Auflage in Betracht zieht, sie auch damit rechnen, weitere Bücher zu verkaufen. Mit der ersten Auflage, ich glaube es waren 1000 Bücher, welche zum Großteil auch verkauft wurden, schrieben sie sicherlich schwarze Zahlen, welches nicht unbedingt bei Jungautoren eine Selbstverständlichkeit darstellt. Somit antwortete ich, dass ich für eine zweite Auflage bin, jedoch nicht bereit bin, wie bei der ersten Auflage einen großen Teil der Kosten in Folge eines Selbstbehaltes bereitzustellen. Mein Argument wurde abgelehnt, und somit kam kein neuer Vertrag zustande. Anders gesagt, das Buch „Mein Leben bei der Feuerwehr" ist im Verkauf nicht mehr erhältlich.

Nun, warum erzähle ich das alles?

Vielleicht das Wichtigste zu erst! Ich habe von einem deutschen Verlag ein neues Angebot bekommen, welche bereit sind, mein Buch auch ohne Selbstbehalt wieder auf den Markt zu bringen. Als die Lektoren und die Verantwortlichen meinten, mein Buch könnte sich am Markt weiter behaupten, kam mir der Gedanke, quasi ein Update meines Buches durchzuführen, und dann erst die Neuauflage auf den Markt zu geben.

Einerseits sind seit dem Beginn des Schreibens dieses Buches viele Jahre vergangen, damit meine ich, dass ich jetzt viele Dinge anders sehe, als heute. Man denkt, sieht und handelt einfach als ältere Person anders, vielleicht hat auch mein „Vater sein" einiges dazu beigetragen. Was ich nicht möchte, mein Buch total umkrempeln, nur weil ich jetzt älter geworden bin und die Feuerwehr vielleicht jetzt mit anderen Augen betrachte. Nein, ich werde es so belassen, allerdings die fehlenden Jahre, also so in etwa 2006 - dato mit „anderen" Augen beschreiben.

Andererseits hat sich auch bei der Feuerwehr selbst, also im System, bei der Taktik, bei der Aufnahme und auch dem gegenseitigen persönlichen Umgehen sehr viel geändert, welches ich unbedingt einbringen möchte. Alleine im Aufnahmeverfahren und der Grundausbildung blieb kein Stein auf dem Anderen. Hierzu werde ich allerdings zu den geeigneten Themen sofort Stellung beziehen, also quasi alt und neu abwiegen, eventuell auch Vor- und Nachteile erläutern.

Damit man die erste Fassung gut vom Neugeschriebenen unterscheiden kann, habe ich mir gedacht, ich könnte zwei verschiedene Schriftarten verwenden, damit man da einen guten Überblick hat. Ich hoffe, das kommt gut bei den Lesern an.

Selbstverständlich ist das Geschriebene nur meine eigene persönliche Meinung. Für jegliche positive oder negative Kritik stehe ich jederzeit persönlich, aber auch gerne online, zum Beispiel auf meinem BLOG www.haraldjelinek.at, zur Verfügung.

Ich hoffe, mir wird meine Neuauflage gelingen und ihr habt Spaß am Lesen und es regt zum Diskutieren und Nachdenken.

Jelinek Harald

Die Beweggründe

Jeder redet immer von der Feuerwehr, dabei heißt es eigentlich gar nicht so, da es den Beruf Feuerwehrmann in Österreich gar nicht gibt. Ich könnte jetzt damit anfangen darüber zu philosophieren, wie wichtig es wäre, dass es den Beruf Feuerwehr gibt, also das Berufsbild Feuerwehrmann zur Realität wird, welches schon jahrelang gefordert wird, aber es würde zu sehr ins politische hineingehen und das ist nicht meine Absicht.

Ja, jetzt müsste ich noch erwähnen, wie wir uns wirklich nennen, auch hier gibt es verschiedene Aussagen von den einzelnen Kollegen, aber im Prinzip sind wir Beamte der Gemeinde Wien, und zwar der Magistratsabteilung 68, im weiteren Verlauf werde ich aber hauptsächlich den Begriff Feuerwehr verwenden, einerseits leichter verständlich, andererseits fühlen wir uns auch so.

Ohne jetzt zu politisieren, vielleicht ein kurzer Gedankengang zu eben erwähnten Thema, welches natürlich meine eigene Meinung darstellt, wie im Übrigen, dies dem ganzen Verlauf des Buches so ist, also ich wurde weder von irgendwem beeinflusst oder dazu getrieben, gewisse Themen oder Ereignisse zu berichten. Weiters möchte ich gleich anführen, sollte sich jemand durch meine Geschichte bedrängt oder angesprochen fühlen, es war sicher nicht meine Absicht, und er möge mir verzeihen, im übrigen, Namen werde ich im ganzen Buch nicht erwähnen.

So, nun aber noch ein Wort zum Berufsbild Feuerwehrmann; da wir eben nur Magistratsbeamte sind, werden wir auch als solche in den Gesetzen und Anweisungen des Magistrats behandelt, damit meine ich, dass der Beamte der Lohnverrechnung, der Beamte der Müllabfuhr und eben der Feuerwehrmann im Großen und Ganzen im gleichen Gesetzestext stehen, und das kann nicht immer funktionieren. Gut, wir haben ein paar Sonderregelungen, und in bestimmten Passagen unseren eigenen Gesetzestext, aber in vielen Bereichen, wie zum Beispiel Arbeitnehmerschutzgesetz, Nachtdienst, Wechseldienst oder Gefahrenzulagen unterscheiden wir uns eben gegenüber anderen Abteilungen und wir würden uns sicher leichter tun, würden wir eben ein eigenes Berufsbild haben, abgesehen davon wären wir mit den anderen Berufsfeuerwehren in Österreich vereint, und könnten so gemeinsam unsere Probleme und Anliegen vorbringen.

Wieso bin ich eigentlich Feuerwehrmann geworden und welche Kriterien haben mich dazu erwogen, diesen Beruf auszuüben. Ich nehme mal, einer meiner Hauptgründe war jener, dass auch mein Vater dabei war, war deswegen, denn er befindet sich schon im wohlverdienten Ruhestand. Ich habe als Jugendlicher miterlebt, wie ein Dasein als Feuerwehrmann, zumindest aus familiärer Sicht, aussieht. Später, als ich selbst schon dabei war, wusste ich, dass es ganz anders aussieht, aber dazu später. Ich habe erlebt, dass mein Vater sehr viel Freizeit hat, dass er immer mit Begeisterung von seinem Beruf erzählt hat, und, welches sicher kein unerhebliches Thema ist, er, bzw. wir, konnten konnte sich einiges leisten. Das es bei der Gemeinde Wien auch ein sehr sicherer Beruf ist, hatte ich damals noch nicht durchschaut, welches ich heute, sollte ich die positiven Aspekte erwähnen, sehr hervorheben.

Ich durfte ihn auch einige Male besuchen, meistens mit meinem Moped, ich glaube eine Sachs war es, wenn irgendetwas mal wieder nicht funktionierte. Ich schob oder fuhr mit dem Moped auf die Döblinger Wache, welche noch immer in der Würthgasse stationiert ist. Ging ganz stolz von hinten, so vergleichbar wie ein Lieferanteneingang, in die Küche, denn da konnte ich ihn meistens gleich auffinden, da er Einholer war, welches ich später genauer erläutern werde. War er nicht anwesend, egal ob er intern zu tun hatte oder ausgefahren war, ich wurde immer freundschaftlich aufgenommen, bekam zu trinken, wenn ich wollte auch zu essen und man plauderte mit mir, meistens über Fußball, da ich aktiv bei der Vienna spielte und dies fast allseits auf der Wache bekannt war. Dies war sicherlich ein Aspekt, der mich prägte und meine Entscheidung erleichterte, den Schritt zur Feuerwehr zu wagen, nicht weil ich so vorsorglich versorgt wurde, eben dieses Gesellschaftliche und diese Offenherzigkeit gefielen mir schon als Jugendlicher. Nach kurzer Labung und Späßchen gingen wir dann in den Innenhof, wo sich dann ein Kollege meines Vaters, mein Moped ansah. Heute denke ich, er dachte sich sicherlich oft, dass ich mir nicht einmal die einfachsten Dinge selbst machen konnte, ich hatte wirklich damals null Ahnung von dieser Materie, wie von vielen anderem. Diese Selbstständigkeit, dass lernt man in diesem Beruf ganz besonders, aber vielleicht irre ich mich einfach und er tat es gerne, oder zumindest aus Freundschaft zu meinem Vater, der allseits sehr beliebt war.

Ein Mechaniker, ich nannte ihn zumindest immer so, er reparierte meistens mein Moped, war ein sehr ruhiger Typ. Ich selbst hatte eigentlich immer ein wenig Angst vor ihm, vielleicht weil er so bös schaute oder so wenig redete. Jedenfalls, als ich ihn dann später selbst als Kollege kennen lernte, musste ich meine Meinung über ihn ändern, obwohl ich später immer wieder dieses Erscheinungsbild über ihn von anderen hörte. Witzig dache ich mir, dass ein äußeres Bild so trügen kann.

Das mit dem später kennen lernen ist überhaupt eine eigene Geschichte, denn ich kannte sehr viele Kollegen meines Vaters, einerseits durch die Besuche auf den Wachen und andererseits spielte ich manchmal bei Freundschaftsspielen oder so genannten Jux-Partien Fußball mit, und lernte so auch sehr viele kennen. Nur dieses äußere Bild trügt oft, wie eben schon erwähnt, und manche die ich als super nett und freundlich empfand, waren es als Kollegen plötzlich nicht mehr, und das ganze ist auch umgekehrt passiert. Nun ich denke, dass sich das aber viele über mich genauso dachten oder noch immer denken, eben ganz normal, wie sagt man so schön, Schnaps ist Schnaps und Dienst ist Dienst.

Ein Problem ist nur, dass man als Sohn immer mit seinem Vater verglichen wird, und diesem Sinnbild zu entkommen, dass ist ein schweres Unterfangen, doch ich glaube zu behaupten, ich habe es geschafft, denke sogar, dass ich es schon nach einigen Dienstjahren geschafft habe.

Nun, welche Kriterien haben mich noch dazu erwogen, diesem Beruf beizutreten; viele hatten schon vorher Eindrücke mit der Feuerwehr, sei es einerseits mit der freiwilligen Feuerwehr, wenn sie am Land leben, oder auch mit der Jugendfeuerwehr; ich hatte keines von all dem, hatte sozusagen vom tatsächlichen Feuerwehrdienst null Ahnung, außer eben die bereits erwähnten Punkte. Natürlich wusste ich auch über den Ablauf des Wechseldienstes Bescheid, wann der Dienst beginnt, wann mein Vater nachhause kam, dass ich Wochenenddienst zu verrichten hatte, aber über die Aufgaben der Feuerwehr, davon hatte ich keinen Schimmer.

Also muss ich ehrlich zugeben, die bereits erwähnten Aspekte waren die einzigen, die mich erwogen der Feuerwehr beizutreten, ich denke mir aber, dass mein Vater ein sehr großen Einfluss auf mich genommen hat, wofür ich mich eigentlich bei ihm noch nie bedankt habe, denn ich bin mittlerweile ein begeisterter Feuerwehrmann und kann mir keinen anderen Beruf mehr vorstellen, ich erlaube mir zu behaupten, nun ist es schon mehr eine Berufung, als ein Beruf!

Ich glaube, mich erinnern zu können, dass meine Mutter anfänglich dagegen war, sei es wegen der Gefährlichkeit, oder wollte sie, dass ich einen „richtigen Beruf“ erlerne, ich weiß es nicht mehr, irgendwie konnte sich jedenfalls mein Vater durchsetzen und ich gab meine Bewerbung, inklusive Lebenslauf, am Hof, dem Sitz, wir sagen die Zentrale der Feuerwehr, ab.

Das Aufnahmeverfahren

Ich war gerade im 4.Monat beim Abdienen meines Grundwehrdienstes, als ich endlich die Zusage für meinen ersten Aufnahmetest bekam, einerseits echt erfreut, andererseits aber hoch nervös.

Da ich jedenfalls acht Monate dienen musste, zur damaligen Zeit war das noch eine der Aufnahmekriterien, konnte ich damit rechnen, wenn ich gut abschneide, dass es vielleicht einen optimalen Übergang geben könnte. Mit dem gut Abschneiden meine ich, dass das ganze Aufnahmekriterium nach einem Punkteverfahren abläuft, also die schriftliche Prüfung, welche zur damaligen Zeit ein Referat, zehn mathematische Beispiele und ich glaube 50 allgemein technische Fragen beinhaltete, sowie die Sportprüfung. Die sportliche Tüchtigkeit wurde nach der Grundausbildung noch einmal überprüft, wobei die Leistungskurve sich keinesfalls nach unten bewegen durfte. Hat man diese Prüfungen positiv abgeschlossen, wurde man eben nach Punkten gereiht und je nach Bedarf des Mannschaftsstandes wurden dann die Ausschreibungen zur Gesundenuntersuchung ausgeschrieben. Der Grund, dass die Gesundenuntersuchung nicht gleich nach den Aufnahmeprüfungen erfolgte, ist der, dass man nach der Untersuchung des Amtsarztes innerhalb eines halben Jahres aufgenommen werden musste, ansonsten müsste man die Untersuchung wiederholen.

Wie die ganzen Kriterien heutzutage genau ablaufen, das möchte ich im Anschluss an diesem Kapitel berichten. Natürlich kann ich hier nicht mehr das Geschehene aus meinen Augen berichten, da ich es ja nicht selbst erlebt habe. Mir ist es aber wichtig, dass der Leser weiß und vor allem die Unterschiede sieht, welche heute und zur damaligen Zeit, als ich aufgenommen worden bin, geschehen sind.

Das genaue Datum weiß ich nicht mehr, irgendwann im Winter 1986/ 87 hatte ich mich um 8 Uhr in der Zentrale der Feuerwehr Wien, am Hof in der Inneren Stadt, einzufinden. Zur damaligen Zeit legte ich noch keinerlei Wert auf äußerliche Kleidung, denke mal, dass mich wahrscheinlich meine Mutter in diesem Falle beraten hatte, eher klassisch mit grauer Hose, weißem Hemd und einem Sakko erschien ich, meine Stimme bebte, wenn ich zum Gruß ansetzte und meine Hände schwitzen, ich genierte mich richtig jemanden die Hand zu schütteln.

Nun stand ich vor dem großen Eingangstor, mit mir so etwa 20 anderen Mitbewerbern, eigentlich kann ich nicht einen Einzigen beschreiben, ich weiß nicht einmal, wer mein Nachbar war. Ziemlich pünktlich erschien ein Feuerwehrmann mittlerem Alter, um uns zu holen, er war sofort mit uns allen per Du, und versuchte uns mit Zureden zu beruhigen. Er führte uns in einen großen Saal, denke mal ein Sitzungssaal, wo Tische mit jeweils zwei Sesseln für uns bereitstanden, die Wahl der Sitzplätze stand uns frei. Ich saß im vorderen Bereich, wahrscheinlich weil ich es von der Schule gewohnt war, meine Blicke streiften im Raume, einige Bilder mit Feuerwehreinsätzen aus alter Zeit hingen gleichmäßig verteilt, klassische Beleuchtungskörper erhellten das Zimmer, bis auf eine rote Blitzleuchte und daneben eine schwarze Lautsprecherbox, welche in der Mitte des Raumes an der Wand montiert waren, heute weiß ich, dass es Einrichtungen für den Alarm waren, welche in allen Räumen der Wachen montiert waren. Ehrlich gesagt, konnte ich mich an keinen Alarm erinnern, kann aber leicht möglich sein, dass sie diesen Raum während unserer Anwesenheit, davon ausgenommen haben.

Nach etwa zehnminütigem Warten öffnete sich die Türe und ein sportlich, junger Mann in Uniform erschien, Was ich gleich bemerkte war, dass er eine etwas andere

Uniform, als jene Beamten anhatte, die ich bislang gesehen habe. Sogar Stiefeln hatte er an, schwarze hohe Stiefeln, welche glänzten, ich denke, man konnte sich darin spiegeln, die Hose war sorgfältig in die Stiefeln gesteckt, die Hose schön gebügelt, dazu ein blaues Hemd mit goldenen Distinktionen, also ein Offizier der Feuerwehr. Die Dienstgrade konnte ich damals natürlich noch nicht voneinander unterscheiden, heute weiß ich, es war ein Brandkommissär, zu den Rängen und auch zu den Offizieren werde ich mich später noch äußern.

Er sprach sehr schnell und man hatte den Anschein, er möchte diese Sache schnell erledigt haben. Er begann uns zu erzählen, wie es die nächsten Stunden ablaufen wird und wie er sich das so vorstellt, er probierte ständig Eindruck zu schinden und ich denke, er schaffte es auch bei den meisten, also meinen hatte er jedenfalls erreicht. Während er so erzählte musterte er jeden Einzeln, als er mich durchstreifte wandte er sofort seinen Blick auf den Kollegen hinter mir sitzend, blieb aber deutlich länger mit seinem Blick auf ihn gerichtet, unterbrach plötzlich seinen Redefluss, ging auf den Kollegen zu und fragte ihn nach seinem Namen. Natürlich richteten wir alle unsere Blicke ebenfalls auf ihn, ein blonder, eher klein gewachsener Junge mit Brille errötete und antwortete dem Offizier, der darauf hin auf seinen Absätzen kehrt machte und zu dem Wandtelefon, welches gleich neben der Tür hing, zuging. Alle beobachteten ihn genauestens, ich glaube, man konnte die berühmte Nadel im Heuhaufen fallen hören und zudem wusste keiner warum er dieses Aufsehen machte. Er wählte eine Nummer auswendig, sprach ein paar Sätze, wir konnten es aber aufgrund der Entfernung und seinem leisen Reden nicht verstehen, legte auf und kam wieder zu dem Jungen, der nach wie vor versteinert in seinem Sessel saß. Bei ihm angelangt legte er die Hand auf seine Schulter und erzählte ihm mit trösteten Worten, dass er aufgrund seiner Brille keine Berechtigung habe, bei der MA 68 aufgenommen zu werden. Er wunderte sich auch darüber, dass er, der Junge mit der Brille, überhaupt es nicht schon früher erfahren hatte, außerdem steht es in den Kriterien verankert. Mir gefiel, dass es ihm irgendwie leid tat, man hörte es auch an seinen Worten, die Stimmlage änderte sich, obwohl er nichts dafür konnte und sich wahrscheinlich telefonisch noch absicherte. Der Junge stand auf, sagte kein Wort und verließ mit gesenktem Kopf den Saal. Der Offizier machte sich an seinem Tisch vorne Notizen, drehte sich zu uns und begann mit seinem Programm Fortzufahren.

Eine Ansage aus einem Buch war der erste Teil unserer Aufnahmeprüfung, in meiner Schriftgröße, welche sehr klein ist, war es zirka eine A4 Seite. Es dürfte ein Feuerwehrbuch gewesen sein, denn der Text handelte davon, kann mich ehrlich gesagt nicht mehr genau daran erinnern, jedoch weiß ich noch, dass er gewisse Fachausdrücke buchstabierte. Er war sehr fair, las sehr langsam vor und wiederholte komplizierte Satzfolgen. Nach dem Ende der Ansage sammelte er die Zetteln ein, nachdem wir natürlich unsere Zetteln mit unsern Namen markierten. Ich war sehr aufgeregt, hatte große Bedenken wegen meiner Schrift, da ich sehr unleserlich schreibe, ich habe damals die Druckschrift in Klein- und Großbuchstaben der Lateinschrift bevorzugt, habe zwar nie das Ergebnis gesehen oder gehört, aber da ich keine negativen Bemerkungen hörte, dürfte alles leserlich und richtig gewesen sein. Nach kurzer Pause, ohne den Saal zu verlassen, kam der zweite Teil, wo wir jeder einen Zettel mit zehn Textbeispielen bekamen, dazu einen leeren, um diverse Vorrechnungen und Notizen zu machen, die Ergebnisse mussten wir aber auf den Zettel mit den Beispielen notieren, wo wir natürlich auch wieder unseren Namen eintrugen. Es gab sogar mindestens zwei Gruppen, ich wusste es deshalb, da mein Nachbar nicht dieselben Rechnungen hatte wie ich. Der Offizier gab uns eine Gewisse Zeit vor, setzte sich an seinen Tisch und las in dem Buch, aus dem er uns die Ansage vorlas. Als das ebenfalls erledigt war, bekamen wir nach einer kurzen Pause wieder Zettel ausgehändigt, auf welchen 50 allgemein technische Fragen gestellt waren, wie z.B. ein Windböe trifft ein Segel, in welcher Richtung fährt das Boot, man musste mindest eines der 4 möglichen Antworten ankreuzen, mehrere Antworten waren möglich, natürlich waren auch ein oder zwei Zahnradbeispiele beinhaltet, oder ein Auto fährt in eine linke Kurve, welche Räder werden stärker belastet. Also sie wollten unser allgemein technisches Verständnis auf die Probe stellen, solche Test werden auch an Höheren Technischen Schulen abverlangt. Nach dem Abgeben der Zettel sagte er uns noch einige Abschlussworte, wünschte uns allen viel Glück und verließ das Sitzungszimmer, verlangte aber von uns noch auf den Kollegen, welcher uns in den Saal anfangs führte zu warten. Kaum hatte er den Saal verlassen und die Türe ins Schloss gefallen, tauschten wir unsere Ergebnisse lautstark aus. Minuten später kam der eben angesprochene Feuerwehrmann, erklärte uns den weiteren Ablauf bis zu unsere Aufnahme, brachte uns wieder vor die Wache, nahm kurzen Abschied und verschwand hinter der riesigen Eisentüre.

Wir lösten uns ziemlich schnell auf, ohne irgendwie Gedanken oder Meinungen auszutauschen, ich war sichtlich erleichtert, hatte auch ein relatives gutes Gefühl und hoffte bald einen positiven Bescheid zu bekommen, der sich ja wie bereits erwähnt in einer Zusage zu einem Sporttest wieder spiegelt. Natürlich habe ich mich sofort auf den Heimweg gemacht und meine Erlebnisse meinen Eltern, besonders natürlich meinem Vater, zu berichten.

Ich glaube es war Ende März, Anfang April, als der lang ersehnte Brief ins Haus flatterte, indem mir mitgeteilt wurde, dass ich mich an dem und den Tag um 8 Uhr auf der Hauptfeuerwehrwache Favoriten einzufinden habe, Sportgewand inklusive Waschzeug ist mitzunehmen.

Die Kleidung, die ich damals anhatte, war doch schon um einiges leger, als bei meiner Ersten Begegnung in der Zentralfeuerwehrwache, eben wie Jugendliche in meinem Alter bekleidet waren, Jeans, kurzer Leibchen und eine Weste. Ich fuhr mit den öffentlichen Linien, wusste den genauen Standort nicht so genau, deshalb war ich um einiges zu früh dort. Muss auch ehrlich zugeben, Unpünktlichkeit gibt es bis heute nur in den seltensten Fällen bei mir. Da ich doch noch so an die 15 Minuten Zeit hatte, ging ich zu Fuß vom Südtirolerplatz Richtung Sonnwendgasse, wo die Hauptfeuerwache Favoriten stationiert ist. Von außen ein sehr altes Gebäude, mit einer dicken Mauer eingezäunt, hat mich ein wenig eingeschüchtert, irgendwie erdrückend auf mich gewirkt. Meine Nervosität hielt sich aber dennoch in Grenzen, einerseits da ich sportlich ziemlich geübt war, andererseits hatte ich den großen Vorteil, dass mein Vater mir schon einige Vorinformationen über den Test gab, welche ich auch schon vorher üben konnte. Die Einzäunung ist nur durch ein großes Einfahrtstor, welches mit einer Eisentüre verschlossen war, und einem kleineren Besuchereingang zu überwinden, letztere war bereits geöffnet, nach dem Durchschreiten sah ich schon eine kleine Gruppe von jungen Menschen beisammen stehen, gesellte mich dazu und ließ meine Blicke im Kreise laufen. Ein so genannter Steigerturm fiel mir als erster auf, er liegt linker Hand beim Hereinkommen, solch ein Turm ist auf jeder Feuerwache baulich gegeben, und dient den Beamten zur Übung in einer Höhe bis zum dritten Stock ohne Sicherung, beim Hakenleitergang, welchen ich noch in meiner Ausbildung des Öfteren genießen werde. Rechts davon gelegen, über die gesamte Breite des Hofes sind die Ausfahrtstore der Einsatzfahrzeuge angeordnet, darüber ein Balkon, wo sich auch Beamten befanden und uns eingehend beobachteten, darüber dürften sich die Schlafräume befinden. Der Rechte Teil des Hofes wird durch eine Feuermauer abgegrenzt, im vorderen Teil des Zaunes ist noch ein Gebäude eingegliedert, wo ich heute weiß, dass der Nachrichtenbeamte, der Offizier und Schulräume sich darin befinden.

Kurz nach Acht wurden wir wie schon am Hof von einem Kollegen im Hof empfangen, er stellte sich kurz vor und wir folgten ihm. Er führte uns durch eine rechts vom Übungsturm gelegene Eingangstüre, danach war gleich links ein kleiner Turnsaal, in dem wir unsere Prüfung dann absolvieren mussten. Kurz vorm Eingang befand sich eine kleine Bank mit Haken darüber, eine Möglichkeit, uns umzuziehen. Es ging alles sehr locker von sich, was meine letzte Nervosität nahm. Während unserer Aufwärmtätigkeiten fand sich auch ein Offizier ein, die ersten wurden aufgerufen und es begann. Klimmzüge, fünf waren die Mindestanforderung, war immer die erste Übung von jedem, später erfuhr ich, dass dies jene Übung sei, wo die meisten durchfallen, daher fing man damit an, bei geringerer Anzahl konnte man die Prüfung bereits verlassen. Wir waren so 10 - 12 Prüflinge, wobei es ein Kollege nicht schaffte, fünf Klimmzüge durchzuführen, man gewähr ihm noch einen zweiten Versuch, aber ich denke, wenn man es das erste Mal nicht schafft, hat man 10 oder 20 Minuten später noch weniger Chancen und so war es auch. Ich führte meine Übung durch und machte so an die 10 Klimmzüge, ich muss zugeben, in meinem Hintergedanken spielte der Gedanke, dass man sich während der Ausbildung steigern sollte, daher machte ich eben nicht 100%, obwohl ich heute denke, wenn man wirklich gute Leistungen bringt, irgendwo ist ein Zenit und da kommt es dann sehr wohl auch auf Tagesverfassungen an. Schrittwechselsprünge, Situps, Hochwechselsprünge und Liegestütze waren die restlichen Übungen, ich konnte überall die Mindestanforderung klar überbieten. Nach einer guten Stunde war alles absolviert, man gab uns die Möglichkeit zu Duschen, gegen 10 Uhr verließ ich mit hohen Haupte die zweite Station meines Aufnahmeverfahrens, diesmal gab es ja den großen Vorteil, man wusste gleich ob man es schaffte oder nicht. Jetzt wartete noch die letzte Hürde, welcher ich mit großer Angst entgegensah, die Untersuchung des Amtsarztes, wobei einige Voruntersuchungen zu tätigen waren und deren Auswertungen mitzubringen waren. Der Zeitpunkt des Amtsarztes wird immer so gewählt, dass man ab dem Tag der Untersuchung binnen einem halben Jahr mit der Grundausbildung, also der tatsächlichen Aufnahme, beginnen muss. Sollte sich der Termin der Aufnahme aus irgendeinem Grund verzögern, muss die ärztliche Untersuchung wiederholt werden.

Den ganzen Sommer über wartete ich vergeblich auf ein Schreiben der MA 68, ich ließ meine Zeit mit dem Chauffeuren von Genussmittel und Möbel vergehen, dann endlich Anfang Oktober, der Brief, der mich bat in 14 Tagen um 8Uhr in der Feuerwehrzentrale zu erscheinen. Mitunter standen in dem Schreiben auch jene Untersuchungen, die ich bis dahin durchzuführen hatte, wobei die Befunde mitzunehmen waren.

Nun warum sah ich dem Arzt so mit großer Angst entgegen, nicht dass ich ein kranker Mensch war, im Gegenteil, ich war Kern gesund, nur gab es auch ein Größenlimit, welches ich um einige Zentimeter unterbot, und da hatte ich mein großes Bedenken. Heutzutage hätte ich wahrscheinlich überhaupt keine Chance mehr, denn mittlerweile ist es auf 170 cm gestiegen. Die andere Frage stellt sich, ob es einen Sinn macht, einen Kollegen wegen 3 Zentimeter den Zutritt zu verwehren? Mir ist schon klar, irgendwie muss man Grenzen setzen, aber ein gewisses Fingerspitzengefühl ist ja nirgendwo fehl am Platz.

Der große Tag war gekommen, welcher über mein zukünftiges Berufsleben entscheiden wird, und ich möchte es vorwegnehmen, ich danke heute noch dem Arzt, dass er es hatte, das Fingerspitzengefühl.

Nun stand ich da wieder vor dem großen Tore vor der Feuerwehrzentrale am Hofe und ließ kurz meine Gedanken in die Vergangenheit schweifen, ich erinnerte mich noch an meine erste Begegnung und damals war ich sicherlich um einiges aufgeregter als heute, obwohl den heutigen Tag kann ich nicht beeinflussen, es kam ganz wie eben schon erwähnt auf das Fingerspitzengefühl des Arztes an, natürlich musste ich die restlichen Kriterien mit Überzeugung erfüllen.

Diesmal war ich alleine unten vor dem Tore, also nicht wie bei den letzten Malen mit anderen Bewerbern gemeinsam. Ging zu dem Mann, der gleich nach dem großen Eingangstor in einer Art Portierloge saß und fragte ihn nach dem Weg zum Amtsarzt. Nachher, wo ich mich bereits im 24 Stunden Dienst befand, habe ich erfahren, dass der Kollege in dieser Portierloge tatsächlich eine Art Portierfunktion ausübt, er übt keinen Feuerwehrdienst aus, sondern ist von der MA 68 im 8 Stunden Dienst beschäftigt, wenn der Kollege frei hat, übernimmt ein eingeteilter Feuerwehrmann die Agenten.

Nun ich begab mich also auf den vom Portier beschriebenen Weg, welches in diesem großen Hause kein leichtes Unterfangen war, ich glaube der Amtsarzt und mit im die eingeteilten Feuerwehrkollegen haben im 3.Stock ihr Büro. Die Kollegen sind alle bereits Chargen des Branddienstes, werden ärztlicher Dienst genannt und haben neben dem Assistieren des Arztes die Aufgabe Unfälle während des Dienstes, egal ob im Einsatz oder auf der Wache aufzunehmen und die entsprechenden Schritte, wie Krankmeldung, Aufnahme im Spital einzuleiten. Der damals Diensthabende Kollege empfing mich freundlich, wusste von meinem kleinen Problem Bescheid, machte mir Mut und ließ mich im Wartezimmer kurz zurück. Mit mir saßen da noch andere Kollegen, manche in Uniform, andere privat, aber alles schon älteren Jahrganges. Hat man z.B. einen längeren Krankenstand, Übergewicht, Probleme mit der jährlichen Sportprüfung oder ein sonstiges gesundheitliches Problem, so muss man eben beim Amtsarzt vorsprechen und nun saßen sie eben mit mir im Wartezimmer.

Bei den aufgerufenen Kollegen ging es relativ schnell, ich denke ich wartete so eine halbe Stunde bis endlich mein Name aufgerufen wurde. Ich betrat das Zimmer mit vorsichtigen Schritten, ein Schreibtisch zu meiner rechten, hinter dem der Kollege des ärztlichen Dienstes Platz nahm. Links sah es wie in einem Arztzimmer aus, eine weiße Liege, ein Schreibtisch für den Arzt, Überprüfungstafeln für den Sehtest, Informationsbroschüren allfälliger Untersuchungen schmückten die Wände. Eine Medizinerwaage, eine Überprüfungsgerät der Körpergröße und ein Beistelltisch für Arztutensilien waren ebenfalls untergebracht. Der Arzt bat mich auf der Liege Platz zu nehmen, Routineuntersuchungen wurden durchgeführt, nebenbei durchforschte er meine mitgebrachten Ergebnisse von Blutabnahmen und diversen Röntgenaufnahmen. Nachher wurde ein Sehtest mit der eben vorher erwähnten Tafel durchgeführt, meine Ohren und Zähne untersucht, wobei er bei allen Untersuchungen Zahlen und Fakten dem Kollegen des ärztlichen Dienstes zurief, der es fleißig notierte. Zum Schluss wurde ich noch gewogen, meine Beine und Füße untersucht, wobei er kurz auf meine Kreuzbandoperation einging und dann wurde meine Größe gemessen. Ohne eine Wimper zu zucken wurde der Wert 168 dem Kollegen des ärztlichen Dienstes zugerufen, er erwiderte es mit einem kurzen Lächeln, der Arzt bat mich anzuziehen, wünschte mir noch alles Gute und verabschiedete sich. Zuerst dachte ich alle im Raum befindlichen konnten es hören, ich meinte den Stein der mir regelrecht vom Herzen gefallen war, ich war überglücklich und hatte nicht mal die Gelegenheit dem Arzt zu danken, denn er verschwand aus dem Zimmer. Ich bedankte mich bei dem Kollegen des ärztlichen Dienstes, nahm meine mitgebrachten Ergebnisse und verließ wirklich erleichtert und glücklich die Praxis des ärztlichen Dienstes, verließ die Wache am selben Wege wie ich sie betrat und wusste, jetzt werde ich endlich Feuerwehrmann. Wie gesagt, die Kriterien waren so angeordnet, dass ich jetzt binnen eines halben Jahres mit der Grundausbildung beginnen musste, also ich konnte täglich damit rechnen, ein Schreiben der MA 68 zu bekommen, wobei ich natürlich meine Kündigungsfrist bei meiner derzeitigen Arbeit immer einhalten wollte. Obwohl eines immer klar war, diese Liefertätigkeit soll nur eine Überbrückung zu der Aufnahme als Feuerwehrmann sein.

Dreieinhalb Monate später war es so weit, der Postbeamte brachte mir einen eingeschriebenen Brief der MA 68, der besagte, dass ich mich am 14. Februar 1988 um 8 Uhr in der Feuerwehrzentrale einzufinden hatte, meine Uniform dort ausgehändigt bekomme, um danach mit der Grundausbildung auf der Hauptwache Floridsdorf zu beginnen.

Wie im Vorwort erwähnt, hat sich in den doch mittlerweile fast 30 Jahren nicht nur im Weltgeschehen und der Gesellschaft selbst viel getan, auch bei der Berufsfeuerwehr Wien blieb in manchen Bereichen kein Stein auf dem Anderen.

Beginnen wir bei den Kriterien, welche erforderlich sind, der Magistratsabteilung 68, man sieht der Name blieb zumindest, beizutreten. Hierbei hat sich eigentlich nicht viel verändert. Erforderlich sind nach wie vor eine geschlossenen Schul- oder Lehrausbildung, wobei beides im technischen Bereich bevorzugt wird. Weiters ist natürlich immer noch die Staatsbürgerschaft und das sogenannte Leumund, welches besagt, dass man keinerlei Vorstrafen besitzen darf, von Nöten. Eine kleine Änderung hat es in der Führerscheinausbildung gegeben. Wo noch zu meiner Zeit der Führerschein B reichte, ist heutzutage der Führerschein B und C, also auch LKW über 7,5t, notwendig. Ebenfalls hat sich beim Präsenzdienst eine kleine, aber durchaus positive Änderung ergeben, nämlich, dass auch der Zivildienst zur Aufnahme reicht. Beim Aufnahmealter ergibt die Änderung, dass nun nur im Alter zwischen 20 und 25 aufgenommen werden darf, folgenden Sinn. Nämlich die Tatsache, dass natürlich nun auch Frauen zur Aufnahme antreten dürfen, und durch die Gegebenheit, dass sie keinen Präsenzdienst bzw. Zivildienst absolvieren müssen, alle theoretisch im früheren Alter aufgenommen werden könnten und somit einen Vorteil hätten.

Nichts hat sich im Bereich der geistigen und körperlichen Verfassung geändert. Grundlegende gesundheitliche Gründe zur Nichteignung wären Diabetes I, körperliche und geistige Behinderungen, Fehlsichtigkeit, Gehörschäden, Übergewicht, eine Körpergröße unter 170cm, Anfallskrankheiten wie Epilepsie, bestimmte Hautkrankheiten, sowie Alkohol- oder Medikamentenabhängigkeit. Neben diesen grundlegenden Kriterien muss die körperliche, psychische und technische Eignung in einem Aufnahmeverfahren nachgewiesen werden. Zunächst müssen die BewerberInnen einen schriftlichen Test absolvieren, der die psychische und technische Eignung überprüfen soll. Derzeit findet die in der Zentralfeuerwache, also wie etwa vor 30 Jahren, statt. Inhalt des Tests sind Aufgaben aus den Bereichen Merkfähigkeit, räumliches Vorstellungsvermögen, logisches Denken, Rechtschreibung und Mathematik, sowie Fragen, die die psychologische Eignung testen sollen. Der Test dauert in etwa 4 Stunden und wird in Wien einem Single-Choice-Verfahren abgehalten. Ehrlich gesagt kann ich nicht viel genauere Angaben liefern, da ich selbst den Test noch nie gesehen habe und eigentlich relativ großes Schweigen darüber gehalten wird. Nach positivem Absolvieren bekommt man die Einladung für den körperlichen

Eignungstest, welcher zur Zeit in Wien Leopoldstadt auf einem Sportplatz stattfindet. Momentan umfasst der Test einen Dauerlauf von 2000 Metern, der in zehn Minuten absolviert werden muss, fünf Klimmzüge, 70 Schrittwechselsprünge, 25 Liegestütze, 35 Rumpfdrehbeugen in zwei Minuten und 20 Hochwechselsprünge in einer Minute. Die neueste Info, welche ich erfahren habe, besagt, dass die Klimmzüge nicht durch Wiederholungen absolviert werden müssen, sondern durch einmaliges Aufziehen und Halten. Den Hintergedanken kann ich leider nicht erläutern. Erfüllt man auch diesen Test positiv, gibt es noch zwei Hürden, welche zu schaffen wären. Zuerst muss man sich in einem Bewerbungsgespräch qualifizieren, wo man neben sprachlichen Geschick auch kleine handwerkliche Arbeiten, wie zum Beispiel das Zusammenbauen eines Bilderrahmen oder dergleichen, vollbringen muss. Auch ein Gespräch mit einem Psychologen ist dabei integriert. Behauptet man sich auch hier, muss ein sogenannter Schnuppertag erbracht werden, welcher derzeit auf der Hauptfeuerwache Floridsdorf stattfindet. Hierbei wird in einfachen Übungen abgetastet, ob man keine Angst von Höhen, dunklen und engen Räumen hat, aber auch ein gewisses technisches Verständnis wird erprobt. Danach wartet man eigentlich nur mehr auf das Schreiben, dass die ärztliche Untersuchung stattfindet. Da hat sich dann eigentlich nicht mehr viel gegenüber früher verändert. Man bringt die erforderlichen Unterlagen mit und holt sich quasi seinen Stempel, damit die Grundausbildung und die tatsächliche Aufnahme beginnen kann. Ja, eine kleine Änderung fällt mir noch ein. Zu meiner Zeit mussten wir die staatliche Schwimmprüfung während der Grundausbildung im Beisein von Tauchlehrern absolvieren. Heutzutage hat man diese Ausbildung vorher privat zu erfüllen und notwendigen Unterlagen sind abzugeben. Ich glaube man kann sehr gut erkennen, dass sich da doch einiges geändert hat. Noch größere Veränderungen gibt es bei der Grundausbildung selbst. Dabei ist noch zu erwähnen, dass die momentane Grundausbildung, welche in der Feuerwehrschule auf der Hauptfeuerwache Floridsdorf stattfindet, erst seit September 2015 in dieser Art abläuft. Zuvor hat es etwa 15 Jahre lang ein anderes System gegeben, welches ich nur als Ausbildner, aber eben nicht als Feuerwehrschüler erleben durfte, welches aber auch bereits im nächsten Kapitel ein wenig erläutert wird. Genaueres über die jetzige Ausbildung werde ich nach dem Kapitel Grundausbildung erläutern.

Der Beginn der Grundausbildung

Nun stand ich zum dritten Male vor dem Tor der Feuerwehrzentrale und diesmal war es sicherlich das schönste Gefühl, denn ich wusste ich habe es geschafft, wobei ich natürlich noch nicht wusste, dass jetzt sehr viele Prüfungen auf mich warten und bei zweimaligen Versagen einer Prüfung ebenfalls die Kündigung droht. Dass man natürlich bei Alkohol, Diebstahl oder sonstigen Delikten ebenfalls verwiesen wird, spricht ja für sich selbst, welches auch vollkommen in Ordnung ist, aber in Großen und Ganzen ist es ein sehr sicherer Beruf, welches in der heutigen Zeit sicher ein großes Plus ist. Bevor ich mit meiner Geschichte weitermache, möchte ich kurz den Unterschied meiner damaligen Grundausbildung und der jetzigen Form erläutern.

Gleich geblieben ist das wir im 8 Stunden Dienst, also von 7h30 Uhr bis 16h30 täglich von Montag bis Donnerstag, Freitag nur Vormittag Dienst versehen, wir befinden sich in einem Probevertrag, der eigentlich bis zur Definitiven also bis zum 6. Dienstjahr andauert, wobei ein Kündigungsschutz schon ab dem ersten 24 Stunden Dienst besteht. Als Gehalt bekommen wir den normalen Grundbezug in unserem eingeteilten Schema, also dem Schema D, natürlich ohne Zulagen, da wir ja keiner Gefährdung, keinem Wechseldienst und keinem Sonn- und Feiertagsdienst ausgesetzt sind.

Nun zu den Unterschieden, ich hatte noch durchgehend auf einer Wache Dienst, wie schon erwähnt auf der Hauptfeuerwache Floridsdorf, übrigens ist es heute nur mehr die Gruppenwache „Am Spitz", aber zu der Sektionseinteilung einwenig später. Das einzige welches ich außerhalb der Wache an Kursen absolvierte, war der Rauchkeller in der Zentralfeuerwache und der Rettungsschwimmer im Floridsdorfer Hallenbad. Mittlerweile ist der Rauchkeller auf der neuen Hauptwache Floridsdorf und der Rettungsschwimmer ist bei der Grundausbildung bereits Voraussetzung.

Heutzutage muss man an vier verschiedenen Wachen verschiedene Kurse absolvieren, welches gemeinsam die Grundausbildung in 100 Tagen ergibt, wobei auch hier die Dauer neu ist, ich hatte 55 Tage.

Einerseits absolviert man den Branddienstteil, welcher den Hauptanteil der Grundausbildung ausmacht, nämlich 57 Tage. Hier wird einem also für die ersten Feuerwehrjahre ein Grundwissen gelehrt, wie das gesamte Fahrzeuginventar, die Grundkenntnisse bei den Gruppeneinsätzen, das Umgehen mit Leitern, das Verhalten unter Atemschutz, wo ich jetzt sicherlich nur die wichtigsten Teile angeführt habe. In diesem Teil hat man zwei Prüfungen, welche von einem Offizier abgenommen werden, absolviert man mit Erfolg kommt man in den zweiten Teil und somit auch auf die zweite Wache. Hier möchte ich vielleicht noch kurz einfügen, dass das ganze System auf einem Punktesystem beruht, pro Prüfungen gibt es gewisse Punkttanzahlen die man bekommt, bei Unsicherheiten oder Fehlern in theoretischen oder praktischen Bereichen gibt es Abzüge, wobei natürlich ein gewisses Kontingent als Mindestanzahl erreicht werden muss, um die Prüfung zu bestehen. Zusätzlich bekommt man jeden Monat 10 Punkte, also kommt man gleichzeitig zur Feuerwehr, und egal wie lange man dabei ist, wenn ein Kollege bei Prüfungen Punkte verliert ist er immer hinter den Kollegen, die mit ihm gekommen sind. Das heißt jetzt, dass man dann bei den nächsten Prüfungen, bei den nächsten Beförderungen immer hinter den anderen Kollegen ist, bei Punktegleichstand ist der Jahrgang ältere Kollege der Bevorzugte.

Auf der zweiten Wache wird einem der technische Teil genauer erläutert, also das

Hantieren mit den Werkzeugen und Geräten auf den Fahrzeugen, das Schneiden und Befreien von Personen aus PKW, das Pölzen von Mauern, Decken und Baugruben, die Grundkenntnisse von Gas, Wasser, Strom, sowie den Aufbau und das Heben von den Fahrzeugen der Wiener Linien, obwohl auch hier wieder nur der wichtigste Teil genannt wurde. Hier wird nach 20 Tagen eine Prüfung absolviert, danach geht es zur vorletzten Station, dem Schadstoffdienst, der wiederum 20 Tage andauert. Hier werden die Grundkenntnisse der Strahlenkunde und allgemeinen Schadstoffen im Einsatzdienst gelehrt, weiteres die bei der Feuerwehr befindlichen Geräte zum Auffinden und Bergen von Radioaktiven Materialen oder anderen Schadstoffen, sowie der Transport von Schadstoffen auf Schiene und Strasse, natürlich auch hier wieder nur ein Ausschnitt aus dem gesamten Programm. Natürlich gibt es auch hier wieder am Ende des Kurses eine Prüfung. Jetzt bleiben nur mehr 3 Tage, welche eigentlich nicht direkt auf einer Wache verbracht werden, sondern in einem Seitenarm der Donau, wo das Fahren mit Zillen gelehrt wird. Hier gibt es am Ende nur eine Überprüfung des Gelehrten, also keine Prüfung und somit keine Punkte. In diesem Punkt gibt es ebenfalls einen Unterschied zu meiner absolvierten Grundausbildung, denn ich hatte in meinen 55 Tagen noch keinen Zillenkurs, sondern erst im Wechseldienst durfte ich das Fahren und Hantieren mit der Zille auf der Donau erlernen, jedoch mit Prüfung und somit einer Punktvergabe.

Ja und somit hat man es geschafft, man wird in eine Dienstgruppe eingeteilt und beginnt mit dem Wechseldienst. Mit der Gruppeneinteilung meine ich, dass es 2 Gruppen, die Gruppen A und B gibt, wobei abwechselnd 24 Stunden Dienst absolviert wird, aber hier werde ich noch genauer eingehen, nur so weit bin ich ja noch lange nicht, denn jetzt beginnt mal meine Grundausbildung in Floridsdorf und da habe ich ja noch einiges zu berichten.

Also, zum dritten Male vor dem großen eisernen Tor der Zentralfeuerwehrwache, diesmal mit fünf anderen Kollegen, welche mich die nächsten 55 Tage begleiten werden, wobei ich heute mit einigen davon noch geringen Kontakt habe, mit anderen leider gar nicht mehr.

Pünktlich um acht Uhr wurden wir von einem Kollegen des Branddienstes freundlich empfangen, wir gingen gemeinsam mit ihm in die Kleiderkammer, wo wir jeder eine komplette Ausrüstung bekommen haben. Für mich war das natürlich ein wenig ein Problem, da ich aufgrund meiner Körpergröße nicht unbedingt die beste und größte Auswahl zur Verfügung hatte. Vor allem die Hosen waren nicht einfach zu bekommen, die kleinste Größe reichte gerade, wobei die Länge kein Thema war, die musste ich sowieso kürzen. Zur damaligen Zeit hatte ich noch Glück, denn eine Schneiderin war noch im 8 Stunden Dienst direkt in der Kleiderkammer tätig, wie auch ein Schuster noch im Dienste der Allgemeinheit tätig war. Leider sind die beiden Arbeitsplätze dem allgemeinen Mangel an Arbeitsplätzen der heutigen Zeit zum Opfer gefallen. Also packte ich meine fünf Hosen und wurde drei Räume weiter hinten von der Schneiderin begrüßt, eine etwas schon ältere Dame mit korpulenter Figur und rötlichem Haar. Sie bat mich eine der Hosen anzuprobieren, nahm mittlerweile Nadeln zur Hand und steckte mir die Hose professionell ab. Danach meinte sie, ich soll mir den Rest der Kleidung abholen, sie wird mir zwei Hosen kürzen und den Rest nachschicken. Meine anderen Kollegen waren natürlich schon fertig, hatten jeder Hemden, Leibchen, Hosen, Socken, Unterwäsche und die notwendigen Utensilien für den Feuerwehrdienst erhalten, bekamen mittlerweile auch eine eigene Bekleidungsnummer aus vier Zahlen, welche zugleich auch die Dienstnummer ist. Für jeden wurde ein Akt angelegt, wo genauestens die erhaltenen Bekleidungsstücke eingetragen wurden, alles musste mit eigenhändiger Unterschrift unterfertigt werden und zusätzlich hat man ein so genanntes Bekleidungsbuch erhalten. Auch ich bekam meine restlichen Sachen, unterschrieb alles und erhielt die Bekleidungs- bzw. Dienstnummer 2389. Ich will nicht behaupten, dass man in der Gemeinde eine Nummer ist, vor allem in unserer Abteilung nicht, aber egal ob man etwas benötigt, familiäre Änderungen hat oder im Einsatzdienst tätig ist, ohne Personalnummer und Dienstnummer geht gar nichts, der Name ist Nebensache. Der uns begleitende Kollege bat mich in den Ausgleichsraum nachzukommen, wenn ich alle meine Sachen beisammen habe, vor allem meine Hosen fertig gekürzt sind. Der sogenannte Ausgleichsraum ist mit einem Kaffeehaus zu vergleichen, wo ein jüngerer Kollege auch dafür verantwortlich ist, dass ständig alles am laufenden ist, damit meine ich einerseits, dass das Schmutzgeschirr in den Spüler geräumt ist, genügend Milch, Zucker und Naschereien vorhanden sind, ich glaube Zigaretten bekommt man auch. Eigentlich bedient er auch alle anderen Kollegen, vor allem in den stark frequentierenden Zeiten, da es von manchen Verantwortlichen nicht gerne gesehen wird, dass sich alle Kollegen hinter dem Tresen selbst bedienen. Nach meinen Erledigungen in der Kleiderkammer fragte ich mich bis zum Ausgleichsraum durch, welches in der Zentralfeuerwache nicht einfach ist, da es ein riesiger Komplex mit unzähligen Büros und Zimmern ist. Endlich angelangt leistete ich mir ebenfalls einen Kaffee, welcher wirklich Kaffeehausflair besitzt, vor allem auch die Espressomaschinen tragen ihres dazu bei. Das erste Mal, wo wir sechs an einen Tisch beisammen saßen und uns ein wenig unterhielten und ein wenig privates austauschten. Ich muss allerdings zugeben, dass ich von mir selbst sehr wenig preisgab , da ich einerseits bis heute noch keine Plaudertasche bin, andererseits zur damaligen Zeit noch sehr zurückhaltend und schüchtern war, ich beschränkte mich in erster Zeit auf zuhören. Nach etwa einer halben Stunde wurden wir wieder abgeholt, mussten unsere ganzen Utensilien in einen Kleinbus laden und wurden auf die Hauptfeuerwache Floridsdorf gebracht. Nachträglich muss ich noch erwähnen, dass wir gebeten wurden, am ersten Tag nicht mit eigenen Fahrzeugen in die Zentrale zu kommen, da es große Parkplatzprobleme gibt und es organisatorisch leichter ist, es so zu Hand haben. Heute wird das Parkplatzproblem und die mittlerweile eingetretene Kurzparkzone mittels Pickerl, welches befugt am Hof zu parken, versucht in den Griff zu bekommen, ist aber natürlich jährlich zu bezahlen.

In der Weisselgasse in Wien Floridsdorf befindet sich die Wache, in der wir in den nächsten Wochen unsere Grundausbildung absolvieren werden, unsere Sachen durften wir am Dachboden in einem provisorisch hergerichteten Raum deponieren. Für die Ausbilder war es die erste Grundausbildung, die in Floridsdorf aufgrund großer Aufnahmen durchgeführt wurde, darum wurde ein Provisorium für uns im Dachboden eingerichtet, aber es war ausreichend Platz für jeden und wir fühlten uns wohl. Nun wurden wir gebeten erstmals unsere Uniform anzuziehen, ein irgendwie behebendes Gefühl. Ein Ausbilder machte eine Wachrunde mit uns, erzählte uns die Wachgegebenheiten, stellte uns dem Offizier und dem Zugskommandant vor und gab uns unsere Unterlagen. Danach gingen wir gleich ins Schulzimmer, welches sich eigentlich direkt in der Fahrzeughalle in einem kleinen Nebenraum befand. Unser erstes Thema war der Innendienst, damit wir einmal unsere Rechten und Pflichten wussten, aber auch die Rangordnung, die Arbeitszeiten und die Krankmeldung lernten. Es wurde mittlerweile Mittag und unser erstes Essen auf der Wache wartete auf uns, netter weise haben es die Kollegen für uns mitbestellt, welches in Zukunft jeder für sich selbst erledigen muss.

Um ein wenig in so einen Ablauf eines Alltages auf einer Wache zu sehen, vor allem die weiteren Abläufe besser zu verstehen, wird es das Beste sein, ich werde mal einige Begriffe, die Arbeitszeiten und die wichtigsten Regeln erklären, bevor ich mit meiner Geschichte fortfahre.

Die Struktur und der Alltag der Feuerwehr

Im Großen und Ganzen kann man die Berufsfeuerwehr Wien in zwei große Teile teilen, nämlich in den Feuerwehr- oder Einsatzdienst und in die Geschäftsführung der MA 68.

Letzteres ist für die gesamte Organisation verantwortlich, wobei natürlich der Abteilungsleiter der Abteilung 68 an oberster Stelle rangiert, weiters ist es in Geschäftsgruppen unterteilt, denen jeweils ein A-Offizier, also ein Beamter mit Universitätsabschluss, vorsteht. Diese Geschäftsgruppen, welche mit Großbuchstaben gekennzeichnet sind, sind wiederum in mehrere Referate unterteil, welchen ein B-Offizier vorsteht. In diesen Gruppen und Referaten werden unter anderem die Finanzen, die gesamten Ausbildungen und Kurse, die Bekleidung, der Innendienst, das gesamte Inventar und die Strukturen organisiert.

Der andere Teil ist für die Bevölkerung Wiens der sicher bekanntere, den hier geht es um den Schutz der Bevölkerung, also dem Einsatzdienst. Hier ist die Feuerwehr in neun Sektionen eingeteilt, also eine Aufteilung der Stadt Wien für die durchzuführenden Einsätze, wobei jeder Sektion eine Hauptwache, und zumindest eine Gruppenwache oder Zugswache untersteht, ausgenommen der Sektion eins, die besteht nur aus der Zentralfeuerwehrwache. Jede Sektion wird von einem A-Offizier geleitet, von einem B-Offizier vertreten, wobei einer in der Dienstgruppe A, der andere in Gruppe B Dienst macht. Die Offiziere machen auf den Hauptwachen Dienst, wie der Rest der Mannschaft, sie sind für ihr jeweiliges Referat und den von ihnen geführten Einsätzen verantwortlich. Dann wird die Feuerwehr in drei große Sparten geteilt, dem Branddienst, wo jeder junge Feuerwehrbeamte einmal beginnt, dem Fahrdienst und dem Nachrichtendienst. In den ersten Jahren kann man sich für eine der drei Sparten entscheiden, welches aber nach der Meisterschule, auch Chargenschule genannt, der jeweiligen Sparte nicht mehr rückgängig gemacht werden kann. Der Branddienst ist für den Ablauf und die Durchführung verantwortlich, der Fahrdienst für die Anfahrt zur Einsatzstelle und der Bedienung der Fahrzeugpumpe, der Nachrichtendienst für den Notruf und der Protokollierung der einzelnen Einsätze.

Auf jeder der neun Hauptwachen befindet sich ein Nachrichtenbeamter, der außer den eben erwähnten Aufgaben auch für den Telefondienst auf der Wache zuständig ist. Jetzt gibt es je nach Anzahl der Löschgruppen und Sonderfahrzeugen eine Anzahl von Chargen des Branddienstes und Fahrdienstes, sowie den Feuerwehrmännern auf der Hauptfeuerwehrwache, welche Dienst versehen. Eine Löschgruppe, die kleinste Einheit bei der Feuerwehr, besteht aus einem Kommandanten, dem Charge des Branddienstes, dem Maschinisten, eine Charge des Fahrdienstes und den vier Feuerwehrmännern, sie befinden sich auf einem Gruppenfahrzeug, welches mit zirka 2000 Liter Wasser und einer Großen Anzahl von Werkzeugen und Geräten ausgestattet ist, um eigentlich den größten Teil der Einsatzanforderung widerstehen kann. In Ganz Wien gibt es 47 Löschgruppen, welche auf den 24 Wachen in Wien, die wiederum in neun Sektionen eingeteilt sind, rund um die Uhr Dienst versehen.

Da es im Nachrichtendienst immer nur eine Person pro Hauptwache bzw. pro Sektion gibt, hat er eigentlich keinen unmittelbaren vorgesetzten, außer natürlich dem Offizier, dem ist jeder Weisungsgebunden. Im Fahrdienst ist der so genannte Fahrmeister der Verantwortliche für die Chargen auf der Hauptfeuerwache und den dazugehörigen Nebenwachen, er selbst steuert das Kommandofahrzeug. Im

Branddienst ist der Zugskommandant der Verantwortliche für die Chargen und die gesamten Feuerwehrwehrmänner, auch er sitzt im Kommandofahrzeug, wo noch weiters der Offizier und ein weiterer Charge des Branddienstes, Melder genannt, sitzt. Der Zugskommandant ist auch für den organisatorischen Teil des Wacheablaufes, der Urlaubseinteilung von den Feuerwehrmännern und Branddienstchargen, sowie der Koordinierung von Übungen verantwortlich. Auf den Gruppenwachen, wo sich eben nur eine Gruppe befindet, ist der Fahrzeugkommandant, also die Charge des Branddienstes, gleichfalls der Wachkommandant. Eine Zugswache ist eine Sonderheit einer Gruppenwache, wo sich neben des einen Gruppenfahrzeuges noch eine zweite Gruppe und Sonderfahrzeuge befinden. Im einfachen Stil war das die Aufteilung der Rangordnung im Feuerwehrdienst, kommen wir zu einem nicht weniger unwichtigen Thema, nämlich der Ausrückeordnung, welche genau besagt, wie viele Gruppenfahrzeuge und vor allem welche Gruppenfahrzeuge zu den Einsätzen ausrücken müssen.

Das Ganze ist von großer Bedeutung, da man jede Gasse und Strasse im Zuge eines Ausrückeplanes genau einer Wache zuordnen muss. Dass heißt, würde es zum Beispiel in der Thaliastrasse in Wien 16 brennen, so würde über die Nachrichtenzentrale durch den Notruf 122 die Hauptfeuerwehrwache Hernals, welche die Sektion 5 ist, alarmiert werden. Im gesamten Wien gibt es neun Hauptwachen, also jeder Sektion eine zugeteilt, zwei Zugswachen und 13 Gruppenwachen, welche in Wien so aufgeteilt sind, dass jede Wache ungefähr denselben Ausrückebereich hat. Dies wiederum ist wichtig, da jede alarmierte Adresse von der ersten Wache in fünf Minuten erreicht werden soll. Jetzt kommt natürlich eine kleine Erschwerung hinzu. Nehmen wir an, die alarmierten Kräfte von Hernals sind auf dem Wege zur Thaliastrasse und zwei Minuten später passiert ein Verkehrsunfall in unmittelbarer Nähe, jetzt kommt wieder der Ausrückeplan in Kraft, der in einer dafür zuständigen Geschäftsgruppe genauestens erstellt worden ist. Genauer gesagt, jeder kleinsten Gasse in Wien sind eigentlich alle Wachen in Wien zugeteilt, die nähest gelegene natürlich als erster, in unserem Beispiel die Hauptfeuerwache Hernals, bei der zweiten Wache kommt es schon auf die Hausnummer an, aber ich denke im Bereich des Gürtels wäre es als nächster Neubau, dann die Zentralfeuerwache, im Bereich stadtauswärts, die Wache Steinhof und in weiterer Folge eventuell Döbling zuständig. Ruft also jemand den Notruf 122, hebt der Nachrichtenbeamte in der Zentralfeuerwache ab, fragt als erster den Standort wo sich der Einsatz ereignet hat, ab, gibt das sofort in den Computer ein und der Computer weiß nun genau welche Wache dafür zuständig ist. Sollte diese Wache gerade nicht einsatzbereit sein, egal ob auf Übung, auf Sport oder im Einsatz, wird die nächstgelegene Wache vorgeschlagen.

Das nächste Thema, welches genauso dem Ausrückeplan angehört ist, dass es Einsätze gibt, welche von einer Gruppe erledigt werden können, andere Einsätze benötigen zumindest zwei Gruppen und ein Kommandofahrzeug, komplizierter wird es dann mit den Sonderfahrzeugen, aber dazu ein wenig später. Es ist also jede Einsatzart die es geben kann im Computer eingegeben, und das ist das Zweite, welches der Nachrichtenbeamte beim Notruf eingibt. Bleiben wir bei unserem Beispiel, dem Zimmerbrand in der Thaliastrasse, werden wir etwas genauer, also Hausnummer 12. Zu einem Zimmerbrand werden laut Ausrückeordnung immer ein Kommandofahrzeug, 3 Gruppenfahrzeuge und eine Drehleiter alarmiert. Die Begriffe Kommandofahrzeug und Gruppenfahrzeug sind uns schon bekannt, eine Drehleiter ist von dem Fahrzeugkommandant der Charge des Branddienstes und dem Maschinisten besetzt, ist in den meisten Fällen 30 Meter lang und wird hauptsächlich zur Menschenrettung verwendet, sie ist auf jeder Hauptfeuerwache stationiert.

Die Hauptfeuerwache Hernals, um wieder zu unserem Beispiel zurückzukehren, hat 4 Gruppenfahrzeuge, eine Drehleiter und ein Kommandofahrzeug, also kann es den Einsatz komplett abdecken. In den nächsten Sekunden wird von der Nachrichtenzentrale also die Hauptfeuerwache Hernals zu dem Zimmerbrand alarmiert. Die Alarmierung auf den Wachen erfolgt durch optische und akustische Signale, genauer gesagt, zuerst geht in allen allgemeinen Aufenthaltsräumen, wie z.B. Küche, Essraum, WC und Bäder, das Licht an, gleich darauf erfolgt ein Gong und dann kommt erst die Durchsage des Nachrichtenbeamten aus der Nachrichtenzentrale am Hof. Ich sage nur in den allgemeinen Aufenthaltsräumen deswegen, da auf den meisten Wachen in den Schlafräumen bereits Selektivalarm besteht, das heißt es geht nur in jenen Schlafräumen das Licht an, die im Moment betroffen sind. Der Vorteil des Selektivalarms besteht darin, dass man bei Angehen des Lichtes in seinem Zimmer sofort weiß, jetzt bin ich dran, man ist somit in der Nacht schneller und der zweite Vorteil ist natürlich der, ist man nicht betroffen, kann man ungestörter Schlafen, wobei man meistens doch munter wird, da ja ein gewisser Lärm beim Ausfahren der Kollegen entsteht. Bei der Durchsage wird wiederum zuerst das Fahrzeug als Erster gesagt, dann die Adresse und als Letzter die Alarmierungsart. Die Reihenfolge hat folgenden Grund, zuerst das Fahrzeug, damit jene betroffenen Beamten sofort wissen, dass sie jetzt ausfahren müssen, egal welcher Einsatz kommt, die Adresse als nächster, damit sich die Kollegen des Fahrdienstes darauf vorbereiten können, wie sie die Adresse am besten anfahren können. In der Regel haben sie 30 Sekunden Zeit, nur nach 22 Uhr, bis etwa 06 Uhr, haben sie eine Minute Zeit, hinzu kommt aber das Aufstehen und Anziehen, also kommt es ungefähr auf das selbe hinaus. Während sich der Fahrdienst vorbereitet, müssen sich die Kollegen des Branddienstes je nach Art des Einsatzes adjustieren, welcher ja während dem Begeben zu den Einsatzfahrzeugen durchgesagt wird. Zur Adjustierung selbst werde ich noch später genauerer Stellung nehmen. Wenn wir jetzt wieder zu unserem Beispiel zurückkehren, so würde der Alarm auf der Hauptfeuerwache Hernals folgender Maßen klingen: Licht an, Gong, „Hernals Kommandofahrzeug, 1.RLF,ULF,DL,1.BLF, 16.Bezirk Thaliastrasse 12 Zimmerbrand". Die Durchsage wird wiederholt, falls etwas aufgrund von Lärmentwicklung nicht verstanden wurde. Die Abkürzungen stehen für Fahrzeugtypen, im Prinzip haben aber alle Gruppenfahrzeuge dieselbe Verwendung, bis auf das ULF, welches Universallöschfahrzeug bedeutet, und ausschließlich für Brände verwendet wird, da es zusätzlich Pulver und Schaum geladen hat. RLF bedeutet Rüstlöschfahrzeug, welches das neueste Gruppenfahrzeug ist, das Vorgängermodell heißt BLF, welches Bergelöschfahrzeug bedeutet, aber wie gesagt, diese beiden Modelle werden im Prinzip für dieselben Einsatzarten verwendet.

Nun soviel zur Gliederung und Alarmierung der Feuerwehr, im Laufe des weiteren Buches werd ich sicherlich noch auf das eine oder andere Thema bezüglich Alarmierung oder Gliederung eingehen, aber ich denke die Grundkenntnisse habe ich erläutert. Bevor ich jetzt mit meiner Grundausbildung in Floridsdorf weitermache möchte ich noch einen Ablauf einer Dienstschicht von 24 Stunden erzählen, damit sich der Leser ein wenig ein Bild machen kann, wie so das Wacheleben aussieht.

Wie schon erwähnt gibt es 2 Gruppen, welche mit den Buchstaben A und B benannt werden, jede Gruppe schiebt 24 Stunden Dienstschicht und wartet bei Beendigung seiner Schicht auf den so genannten Ablöser, ist der eingetroffen, kann der

Beamte die Wache verlassen. Im Normalfall beginnt die neue Schicht um 07Uhr 30, es hat sich jedoch in den letzten Jahren immer mehr gezeigt, dass es besser ist früher abzulösen, einerseits wegen dem Verkehrsaufkommen, andererseits beginnt es gegen 07 Uhr öfters zu alarmieren, und da ist es für Dienstbeginnenden leichter, als für den Beamten der bereits darauf wartet nachhause zu gehen. Die momentan übliche Zeit beträgt etwa 06 Uhr früh um abzulösen, jedoch muss jeder Feuerwehrmann bis spätestens 7 Uhr 30 in Uniform beim Antreten auf der Wache sein. Kommt jetzt ein Feuerwehrmann erst gegen 07 Uhr auf die Wache, so muss er natürlich rechnen, dass der Beamte den er abgelöst hat, nächsten Tag, also nach 24 Stunden ebenfalls erst gegen 07 Uhr eintrifft. Löst der Feuerwehrmann gegen 06 Uhr ab, so muss er bis zu seinem Dienstbeginn das Löschfahrzeug des abgelösten Beamten übernehmen, bis 07 Uhr 30 hat er freie Verfügung über die Zeit. Um 07 Uhr 30, also dem offiziellem Dienstbeginn, kommt auf allen Wachen in Wien über die Lautsprecher ein Zeichen, die Beamten haben sich auf einem vom Zugskommandanten festgelegten Platz einzufinden, die Vollständigkeit wird überprüft, allfällige Fernschreiben und Verlautbarungen werden zur Kenntnis gebracht und die Kollegen erfahren anhand des ausgehängten Dienstplanes welches Löschfahrzeug sie die nächsten 24 Stunden zu fahren haben. Außerdem steht auf dem Dienstplan, ob der Beamte für eine besondere Aufgabe, wie z.B. Küchendienst, eingeteilt ist. Weiteres erfährt er auch, wann sein nächster Dienst wieder stattfindet und vor allem wo er stattfindet. Beide Punkte sind sehr wichtig, da der Feuerwehrmann nicht nur seinen wohlverdienten Urlaub konsumieren darf, sondern auch so genannte 40 zusätzlich dienstfreie Tage im Jahr hat, man kann es mit einem Zeitausgleich vergleichen. Solche Tage kann man sich zwar einteilen lassen, bis zu maximal fünf hintereinander, die Bewilligung obliegt jedoch einzig allein dem Zugskommandanten. Solche freien Tage sind oft ein willkommener Kurzurlaub, man bedenke, bei einem freien Tag befindet sich der Feuerwehrmann drei Tage zuhause, da er ja vor und nach dem eingeteilten freien Tag, so oder so zuhause ist. Das zweite ist, wo man Dienst versieht, eben aufgrund freier Tage, Urlaub und Krankenstand gibt es sehr viele Verschiebungen innerhalb einer Sektion, und da ist eben der Zugskommandant und seine Vertreter dafür verantwortlich, dass auf allen Wachen der Stand an Feuerwehrmännern gegeben ist.

Von 07 Uhr 30 bis 08 Uhr ist die Zeit für persönliche Dinge des Feuerwehrmannes zur Verfügung gestellt, einerseits hat er seine Ausrüstung zu kontrollieren und zu reinigen, er hat das Löschfahrzeug auf seine Vollständigkeit zu überprüfen. Andererseits muss er in der Küche bekannt geben, ob er ein Mittagessen und oder ein Abendessen haben möchte, da ja je nach Anzahl eingekauft werden muss und sein zugeteiltes Zimmer hat er zu beziehen bzw. sein Bett zu machen. Natürlich bleibt ihm noch genügend Zeit, eventuell etwas zu frühstücken, oder eine persönliche Reinigung durchzuführen.

Egal welche Tätigkeit der Feuerwehrmann gerade durchführt, wir werden in den nächsten Zeilen einige lesen, alarmiert es, so ist alles zweitrangig, er hat es stehen und liegen zu lassen und auszufahren, nach dem Einrücken vom Einsatz und nach dem Vervollständigen des Löschfahrzeuges hat der Feuerwehrmann seine Tätigkeit wieder aufzunehmen.

Von 08 Uhr bis 09 Uhr 30 ist jetzt Beschäftigungszeit, in der unter anderem folgende Tätigkeiten, welche ich nachher noch einzeln erläutern werde, durchgeführt werden: Kurse, Gerätekontrolle, Gesamtübungen, Schlauchwäsche, Außenübungen. Aber auch Tätigkeiten im Wachebereich müssen durchgeführt werden. Da sich die MA

68 ja eigentlich selbst versorgt, muss der Wäschestand, also sowohl die Bettwäsche, die Küchenschürzen und die Küchengeschirrtücher, als auch die Einsatzbekleidung gesammelt, gezählt und an die Reinigungsfirma übergeben werden. Weiters ist für das Mittagessen und Abendessen zu sorgen, hier ist in der Regel ein Beamter für das Einkaufen zuständig, und 2 Feuerwehrmänner für das Kochen. Der Einkäufer, bei der Feuerwehr „Einholer" genannt, ist eigentlich der Einzige, welcher die Wache verlassen darf, hat ein Kollege z.B. sein Zahnputzzeug vergessen oder hat er spezielle Wünsche an Obst und Ähnlichem, so kann er den Einholer bitten, ihm es mitzunehmen. Während der Einholer seine Tätigkeiten durchführt, fährt in der Regel das ULF mit nur drei Feuerwehrmännern aus. Auch die Kollegen der Küche fahren meistens ULF, da dieses Fahrzeug ja nur zu Bränden alarmiert wird, und dies vor allem am Tage ja doch nicht allzu oft alarmiert wird. Passiert es trotzdem, wird eben später als 11 Uhr 30 oder 17 Uhr gegessen. In den meisten Fällen achtet der Einsatzleiter darauf, dass bei Erledigung des Einsatzes das ULF als Erster Einrücken darf, eben darum, dass die Mannschaft zeitgerecht versorgt werden kann, aber ist es nicht möglich, muss es hingenommen werden, es bringt der Beruf mit sich, dass man sein essen oft in der Mikrowelle aufwärmen muss.

Bei dieser Gelegenheit muss ich noch erwähnen, dass wir uns glücklich schätzen dürfen, eine eigene Küche zu haben, zweimal am Tag ein warmes Essen zu sich zu nehmen und vor allem Mahlzeiten, welche mit größter Liebe und Professionalität zubereitet werden, einzunehmen. Ich selbst habe die Ehre gehabt, vier Jahre in der Küche zu arbeiten, aber dazu einwenig später.

Von 09 Uhr 30 bis 10 Uhr haben wir Pause, wo wir in einem so genannten Ausgleichsraum, welcher mit einem Kaffeehaus zu vergleichen ist, die Möglichkeit haben uns mit Kaffee, Tee und sonstigen alkoholfreien Getränken zu laben. Der Beginn und das Ende der Pause werden wieder mit einem akustischen Signal bekannt gegeben. Von 10 Uhr bis 11 Uhr 15 haben wir unsere Tätigkeiten wieder aufzunehmen. Obwohl wir in einem 24 Stunden Dienst tätig sind, kann man unsere Beschäftigungszeiten mit einer 40 Stunden Woche vergleichen, eben nur zum Unterschied, dass wir in der „freien Zeit" die Wache nicht verlassen dürfen, sondern eben Bereitschaftsdienst versehen.

Kommen wir ein wenig zu den vorher genannten Tätigkeiten, die Wachearbeiten habe ich ja schon ein wenig erläutert, werde sicher noch im Laufe des Buches öfters darauf eingehen. Wenn eben manche Kollegen Wachearbeiten erledigen, so muss natürlich auch ständig geübt werden und man muss auch mit der Zeit gehen. Damit meine ich, dass es immer wieder neue Fahrzeuge, neue Techniken und neue Möglichkeiten gibt, Einsätze besser und effizienter durchzuführen. Dafür werden in der Regel bestimmte Chargen der einzelnen Sparten, also Branddienst, Fahrdienst und Nachrichtendienst von Firmen auf die neuen Technologien eingeschult, und sie bringen es dann in Kursen und Weiterbildungsseminaren den Kollegen bei, natürlich passiert das auch alles während der Beschäftigungszeit. Aber auch hier gilt natürlich, bei Alarm wird alles zweitrangig und man begibt sich seiner wichtigsten Tätigkeit. Oft passiert es natürlich, dass Einsätze den ganzen Tag, oder noch länger andauern, hier wird dann der Kurs am nächsten Diensttag durchgeführt. Oft passiert es dann, dass ein Kollege auf eine andere Wache ablösen gehen muss oder einen zusätzlich dienstfreien Tag bekommt, in solch einem Fall ist dann die Administration der Zugkommandanten gefragt, damit auch wirklich jeder Kollege die Möglich hat, neueste Techniken kennen zu lernen. Natürlich ist es auch notwendig alle Fahrzeuge und Gerätschaften zu warten und zu reinigen, wobei die Fahrzeuge selbst von den Kollegen des Fahrdienstes gereinigt werden, die Geräte im Zuge der Gerätekontrolle von den Feuerwehrmännern. Gesamtübungen nennt man jene Übungen, an denen eigentlich alle Feuerwehrmänner auf einer Wache teilnehmen sollten, welches nicht immer so einfach ist, da es eben administrative Arbeiten auf der Wache gibt, die man nicht so einfach liegen lassen kann, aber im Prinzip wird danach getrachtet, dass alle Feuerwehrmänner das gleiche Wissen an Geräten mitgeteilt bekommen. Außenübungen sind ebenfalls notwendig, da gewisse Übungen einfach auf Wachen nicht durchführbar sind, nehmen wir zum Beispiel die Übung an einem Hochhaus dar.

Ein Hochhaus in Wien, welches nach Bauordnung eine Traufhöhe (Fundament bis Dachbeginn) von mindestens 26 Metern aufweisen muss, muss einen Feuerwehraufzug, eine Trockensteigleitung und ein Sicherheitsstiegenhaus aufweisen. Wieder drei Fachbegriffe, obwohl ich jetzt ein wenig vom Thema des Tagesablaufes abkomme, finde ich es trotzdem wichtig, solche Begriffe gleich zu erläutern, damit sich der Leser ein wenig ein Bild von unserem Beruf machen kann. Ein Feuerwehraufzug ist ein normaler Aufzug, welcher nur im Einsatzfall besondere Einrichtungen aufweist, wie unter anderem muss er einen Notstrombetrieb besitzen, eine eigene Schlüsselaufnahme, wo die Feuerwehr sofortigen Zugang zum Aufzug hat, wo er dann für andere Benutzer unzugänglich ist und einen Notausstieg im Dache der Aufzugskabine aufweist. Weiters sind die Stromkabel und Hydraulikleitungen Feuer hemmend geschützt und der Aufzug besitzt eine Gegensprechanlage. Eine Trockensteigleitung ist eine senkrechte Rohrführung im Haus in der Größe einer B-Schlauchleitung, also einem Durchmesser von 80 mm, wo in jedem Stockwerk ein Anschluss für eine Schlauchleitung besteht. Im Außenbereich des Hauses befindet sich eine Anschlussmöglichkeit, welches deutlich gekennzeichnet ist, wo die Feuerwehr diese Rohrverbindung befüllen kann. Der Vorteil einer solchen Trockensteigleitung ist, dass man sich im Falle eines Brandes, sagen wir zum Beispiel im sechsten Stock, das Hinauflegen der Schlauchleitung erspart, da man einfach unten befüllt und im sechsten Stock bei der Entnahmestelle den Schlauch anschließt. Man kann sich vorstellen, dass man sich hier einige Zeit erspart, und das ist im Falle eine Brandes oft lebenswert. Ein Sicherheitsstiegenhaus muss sich Schleusenartig vom Wohnhaus trennen, muss ständig belüftet sein, meistens durch lamellenartige Lüftungsschlitze.

Wird also solch eine Übung in einem Hochhaus vom Sektionsleiter angesetzt, wird ein Objekt im Ausfahrtsbereich der jeweiligen Sektion ausgesucht, mit dem jeweiligen Sicherheitsbeauftragten des Objektes Kontakt aufgenommen und ein Termin vereinbart, meistens ist solch eine Übung im Sinne beider Beteiligten und viele Firmen verbinden so etwas gleich mit einer Feuerübung, die sie, soweit ich informiert bin, so wie so einmal im Jahre durchführen müssen. Vielleicht noch einige andere Möglichkeiten von Außenübungen, wie zum Beispiel das Ansaugen mit Fahrzeugen aus Seen oder Flüssen, das Improvisieren eines Baugrubenunglücks oder das Darstellen einer eingestürzten Decke in einem Abbruchhaus.

Kommen wir zu unserem Tagesbeschäftigungsplan zurück, um 11 Uhr 15 ertönt wieder ein Zeichen und wir haben 15 Minuten Zeit uns zu reinigen, bevor wir unser Mittagessen einnehmen können, haben Kollegen kein Essen angemeldet so haben sie natürlich sofort bis 14 Uhr freie Beschäftigungszeit. In dieser Zeit ist es auch erlaubt sich niederzulegen, welches auch viele Kollegen ausnützen, manche andere begeben sich in den Sportraum und betätigen sich am Laufband, dem Stepper oder im Kraftbereich. Natürlich kann man sich auch in den Fernsehraum setzen oder im

Ausgleichsraum plaudern oder Gesellschaftsspiele spielen. Seit neuestem gibt es auch Computer, welche vom Arbeitgeber zur Verfügung gestellt werden um im Internet zu surfen, dass natürlich sexistische und rechtsradikale Seiten verboten sind spricht sich von selbst, wird auch bis zur Kündigung geahndet. Als Außenstehender klingt das jetzt sehr großzügig, dass wir eine Pause von 11 Uhr 30 bis 14 Uhr, einschließlich des Mittagessens haben. Man sollte aber berücksichtigen, dass wir einerseits etwa um 06 Uhr zu arbeiten beginnen, bis spät abends munter sind und doch sehr oft auch in der Nacht ausfahren müssen, da ist so eine Stunde Schlaf zu Mittag oft hilfreich, wenn es natürlich in der Mittagszeit nicht alarmiert, auch das sollte man nie vergessen. Was ich noch erwähnen möchte ist, dass sich viele denken, die Feuerwehrleute haben es gut, die bekommen fürs Schlafen bezahlt, man darf mir glauben, dass man in der Arbeit, beim Hintergedanken, jeden Moment kann das Licht angehen, bei Weitem nicht so schläft, wie in seinem eigenen Bett zuhause.

Um 14 Uhr einleitend durch einen Summton über die Lautsprecher beginnt wieder unsere Beschäftigungszeit, welche diesmal bis 15 Uhr 30 andauert. Hier werden eigentlich dieselben Arbeiten erledigt wie Vormittag bzw. jene die durch Ausfahrten oder plötzlich wichtigere Arbeiten unterbrochen wurden. Im Normalfall wäre von 15 Uhr 30 bis 16 Uhr Pause und dann noch eine Stunde, also bis 17 Uhr Beschäftigungszeit. Es hat sich aber in den letzten Jahren eingebürgert, dass der Zugskommandant ab 15 Uhr 30 für sportliche Aktivitäten frei gibt. Auch das klingt jetzt wieder sehr loyal und großzügig, aber es kommt die Idee sicherlich von der Führungsebene, da ja unsere körperliche Fitness für unseren Beruf von großer Bedeutung ist. Weiters wird unsere Fitness auch jährlich bzw. alle zwei Jahre überprüft, entspricht man nicht den Anforderungen kann sich das bis zur Kündigung ausdehnen. In den ersten sechs Jahren, also bis zum Definitiven Beamten hat man auf der Hauptfeuerwache Floridsdorf eine jährliche Sportprüfung, bei uns wird sie Leistungsdiagnostik benannt, zu absolvieren. Hierfür werden drei Fahrzeuge über den Tag außer Dienst gestellt, die Feuerwehrmänner rücken gleich in der Früh in Floridsdorf ein und absolvieren im Laufe des Tages diese Prüfung, welche von Ärzten überprüft und von Sportmedizinern abgenommen wird. Unter anderem wird hier die körperliche Fitness durch Klimmzüge, Hindernisläufe und ähnlichen Übungen überprüft. Die körperliche Gesundheit wird durch Lactat, also dem Sauerstoffgehalt im Blut, weiters durch die Messung des Körperfetts und dem Puls überprüft. Nach Auswertung und kurzer Besprechung mit dem Arzt haben sich die Kollegen wieder auf ihren Wachen einzufinden, sollte eine negative Auswertung entstehen, so wird in einem längeren Gespräch die Ursache ermittelt, eventuell ein Ernährungsprogramm oder Fitnessprogramm erstellt und nach etwa sechs Monaten die Prüfung wiederholt.

Ab dem sechsten Jahr gibt es eine zweijährliche Überprüfung im Zuge einer Gesundenuntersuchung, kombiniert mit einem Belastungstest am Hometrainer. Hierfür macht das Ärzteteam einen Turnus über alle Hauptwachen, wobei man pro Person etwa zwei Tage benötigt. Die Gesundenuntersuchung beinhaltet Blutabnahme, Harnprobe, fachärztliche Routineuntersuchungen, sowie einem Seh- und Hörtest. Bei der sportlichen Überprüfung wird an Hand des Alters, da die Überprüfung ja doch bis zur Pension durchgeführt wird, ein Belastungsprogramm am Hometrainer erstellt, welches wieder natürlich unter ärztlicher Aufsicht, durchgeführt wird. Kurz gesagt kann man es zusammenfassen, umso älter man wird, desto weniger Watt muss man treten. Am Ende erfolgt auch hier wieder ein Vieraugengespräch zwischen dem Arzt und dem Feuerwehrmann, wobei auch die Auswertungen der Blut – und Harnproben erläutert werden. Bei negativem Bescheid gilt dasselbe wie vorher erwähnt. Natürlich ist man während der sportlichen und ärztlichen Überprüfungen außer Dienst. Man kann sich vorstellen, dass solche Überprüfungen einerseits eine hohe administrative Leistung der Führungsebene beinhaltet, aber anderseits auch es sehr hohe Kosten verursacht.

Und so wird das Angebot des Zugskommandanten immer öfters in Anspruch genommen, man nimmt sich seine gesamten Utensilien mit in den Sportraum und betreibt Sport. Ich persönlich betreibe je nach meinem Fahrzeug, welches ich gerade fahre, die Sportaktivität. Habe ich ein Fahren welches zu technischen Einsätzen fährt, so betreibe ich weniger schweißtreibende Sportarten, da es doch öfters passiert alarmiert zu werden, habe ich ein Fahrzeug zugeteilt bekommen, welches hauptsächlich zu Bränden fährt, riskiere ich schon mal, dass ich total verschwitzt ausfahre. Ich meine, gerade in den warmen Jahreszeiten ist es nicht so schlimm. Es gibt da noch die Möglichkeit einen anderen Kollegen zu bitten, dass er für die Zeit der Sportaktivität einem das Fahren übernimmt. Allerdings alarmiert es dann und der Kollege übernimmt das Fahrzeug, muss man natürlich ab diesem Zeitpunkt das Fahrzeug des Kollegen übernehmen. Pech ist es, wenn alles auf einmal ausfährt, aber das bringt der Beruf eben mit sich.

Ja und so sind wir eigentlich am Ende unseres Beschäftigungsplanes, denn um 17 Uhr ist Abendessen und danach ist bis zur Ablöse, also wahrscheinlich 06 Uhr früh, freie Zeiteinteilung. Natürlich gibt es abgesehen vom Ausfahren, oft Arbeiten, welche den Zeitplan komplett außer Acht lässt. Zum Beispiel haben wir ein internes Postfahrzeug, dem so genannten Zustellfahrzeug, welches jeden Tag zumindest alle Hauptwachen anfährt. Trifft es auf einer Wache ein, so wird es über die Lautsprecher ausgerufen. Egal welche Zeit, die eingeteilten Kollegen haben sich zu dem Fahrzeug zu begeben, da sehr oft Werkzeuge, bei Einsätzen verwendete Materialen, Bekleidungskisten und sonstige Utensilien abzuladen sind. Weiters passiert es auch oft, dass Sonderfahrzeuge von Einsätzen auf die Wache einrücken und diese gehören wieder nachgerüstet oder sie sind so stark verschmutzt, dass sie gereinigt gehören. Das kann durchaus auch Mitten in der Nacht passieren, auch hier werden alle Feuerwehrmänner über die Lautsprecher in den Hof gebeten um den Anweisungen des Fahrzeugkommandanten des Sonderfahrzeuges Folge zu leisten.

Ich hoffe man kann sich jetzt ein wenig ein Bild über die Struktur der MA 68 und einem Tagesablauf auf einer Wache vorstellen, nach diesem kleinen Ausflug in den Aufbau der Feuerwehr werden wir jetzt zu meiner Grundausbildung in Floridsdorf zurückkehren.

Die Grundausbildung geht weiter

Als wir in den Speisesaal kamen, saßen die ersten Kollegen bereits und aßen, für uns hatten sie einen eigenen Tisch vorbereitet, den wir schüchtern ansteuerten und uns erstmal hinsetzten. Ein Grundausbildungslehrer kam zu uns und erklärte uns den Vorgang beim Essen holen. Natürlich holt sich jeder sein essen selbst, man geht in die Küche, beim Küchenmeister vorbei, bezahlt das Essen und dann nimmt man sich bereitgestellte Teller und reicht sie einem der Köche. Der Küchenmeister ist in den meisten Fällen eine Charge des Branddienstes, ist für den Einkauf, die Verrechnung und dem Administrativen in der Küche verantwortlich. Beim Trinken kann man sich selbst bedienen, wobei es hier von Wache zu Wache verschieden ist, das beste ist, man fragt den ersten Tag, wenn man auf eine neue Wache kommt, wie sie es praktizieren. In Floridsdorf sind der Esssaal und der Ausgleichsraum derselbe Saal, deswegen konnten wir uns gleich in dem hinter der Theke stehenden Eiskasten bedienen. Eine Liste liegt ebenfalls bereit, wo man sich mit seinem Namen einträgt, den Preis daneben, bei einer günstigen Gelegenheit, wenn der Verantwortliche anwesend ist, kann man dann bezahlen. Meistens liegt aber auch eine kleine Schüssel bereit, wo sich Wechselgeld befindet, auch diese Möglichkeit besteht, viele wollen eben gleich bezahlen. Als wir unsere Lektion bekommen hatten, steuerten wir in die Küche, sie liegt gleich neben dem Ausgleichsraum bzw. Speisesaal, ein eher kleiner Raum, wo jeder Platz mit Küchenutensilien ausgestattet ist. Wenn man bei der Tür herein kommt, ist es fast unmöglich beim Küchenmeister vorbeizukommen, ein freundlicher, schon etwas ältere Kollege, bat uns, dass gleich einer für alle immer bezahlt, es würde ihm leichter fallen. Da es eine minimale Summe war, stellte es kein Problem für uns da. Freundlicherweise zeigte er uns gleich wo Besteck und Teller bereitstanden, zwei Köche kümmerten sich gleich um uns, ich habe den ersten gleich per Sie angesprochen, wo er meinte, sollte ich es noch einmal wagen, wird das essen gleich teuerer. Ein Koch, ein noch sehr junger Kollege, er dürfte selbst erst ein paar Jahre dabei sein, schenkte uns die Suppe ein, der zweite gab uns Fleischlaibchen mit Püree auf einen Teller, ein wahrer Balanceakt, die beiden Teller nichts verschüttend zu unserem Tisch zu bringen. Als ich mein Trinken selbst holen wollte, kam uns ein Kollege zuvor, es wahr glaube ich der dafür Eingeteilte, er bediente uns. Mir gefiel und imponierte, dass sie uns alle wie Kollegen aufnahmen, auch wenn wir erst den ersten Tag bei Ihnen waren. Das Essen war wirklich ausgezeichnet, man durfte sogar nachholen, wenn man noch etwas wollte und noch dazu zu einem wirklich günstigen Preis. Später habe ich dann erfahren, dass man als Beamter der MA 68 einen Essenzuschuss bekommt, den der Küchenmeister vom Gesamtpreis abzieht. Der Küchenmeister ist dafür verantwortlich, dass die Küche keinen Überschuss macht, also die Kosten, welche für das Einkaufen anfallen, werden durch die Anzahl der Kollegen, die ein Essen haben, geteilt. Hinzu kommt noch ein geringer Betrag pro Person für die Abwäscherin, und von der Gesamtsumme wird der Zuschuss abgezogen. Eine Abwäscherin kommt jedoch nur auf den Hauptwachen, auf den Gruppenwachen müssen die Feuerwehrmänner selbst abwaschen, da es aber nur für maximal sechs Leute ist und ein Geschirrspüler auch vorhanden ist, ist das absolut kein Malheur. Nach dem Essen hatten wir noch die Möglichkeit in Ruhe einen Kaffee zu trinken, unser Ausbildner sagte uns, dass wir uns um 12 Uhr 30 wieder im Schulzimmer einzufinden zu haben. Bis 14 Uhr hatten wir immer wegen einer möglichen Ruhestörung nur Unterricht im Schulzimmer, da ja alle anderen Kollegen

Pause haben und eventuell Schlafen möchten.

Um 12h30 ging es pünktlich weiter, wir schauten uns das Thema Brandlehre ein wenig genauer an. Ein rein theoretisches Thema, wo wir über die Grundelemente, die für ein Feuer bzw. für einen Brand notwendig sind, genaueres erfuhren. Im Prinzip ist das Feuer und der Brand das Gleiche, nur ist das Feuer im Unterschied zum Brand ein gewolltes bzw. eines unter Kontrolle gehaltenes Feuer. Die Grundelemente bestehen aus dem Element, welches brennen soll, also z.B. Holz, Benzin oder Erdgas, Beispiele von den drei Aggregatzuständen. Weiteres ist Luft bzw. Sauerstoff notwendig damit ein Feuer zu Stande kommt, die Zündquelle ist ebenfalls von Bedeutung, und zu guter letzt die so genannten Radikalen, welches man als chemische Verbindung deuten kann. Jetzt könnte man fragen, wofür muss ein Feuerwehrmann lernen wie ein Feuer entsteht, es wäre doch viel wichtiger, wie er es löscht. Richtig im Prinzip, jedoch, wenn man mal weiß wie es entsteht, weiß man auch, wenn man eines der vier Elemente entfernt, kann das Feuer nicht mehr existieren und es erlischt. Vielleicht zur besseren Verständnis ein paar Beispiele, also würde man den Brennstoff entziehen, würde das Feuer erlöschen. Die Feuerwehr macht das, indem sie die festen Brennstoffe einfach ausräumt, bei Flüssigen eventuell abpumpt und bei gasförmigen Stoffen, wenn möglich die Zufuhr sperrt. Sauerstoff entzieht man einerseits mit Kohlendioxid, andererseits mit einer Schaumdecke, oder aber ganz einfach, welches im Haushalt gut anzuwenden ist, man gibt einen Deckel über das brennende Fett, auch das ist ein typischer Sauerstoffentzug. Bei der Zündquelle ist es schon ein wenig schwieriger, hier ist es leichter die Zündquelle zu vermeiden, damit es nicht zum Brand kommt. Damit man die Zündquelle entziehen kann, muss man den Brennstoff soweit abkühlen, dass ein erneuter Brand nicht mehr zustande kommen kann. Die Feuerwehr verwendet da ein sehr günstiges und in unserer Region weit verbreitetes Mittel, nämlich Wasser. Diese Möglichkeit ist aber hauptsächlich bei festen Brennstoffen anwendbar, bei flüssigen Brennstoffen ist der Schaum anwendbar, jedoch auch nur bedingt, da bei brennenden Flüssigkeiten der Schaum aufgrund seines geringen Gewichtes infolge Auftrieb der Wärme verfliegen würde und so kein Löscheffekt zustande kommen würde. Auch beim Entziehen der Radikale kann man einen Löscheffekt erzielen, nämlich mittels Pulver. Das Pulver bewirkt einen chemischen Effekt, die Radikale verlieren ihre Notwendigkeit und das Feuer erlischt. Der Nachtteil besteht darin, dass der Effekt des Pulvers nur für kurze Zeit wirkt und die Gefahr der Rückzündung extrem hoch ist. Ein Tipp, sollten sie mal in die Verlegenheit kommen und mit einem Pulverlöscher einen Brand zu löschen, tätigen sie immer nur kurze Pulverstöße, kommt es zur Rückzündung, dann wieder einen Stoss setzen und beachten sie die Windrichtung.

Nun sind wir vom Thema Grundausbildung wieder weit abgekommen, aber ich denke so kurze Ausflüge in die Materie können nicht schaden, ich hoffe es wird mal nicht zu spezifisch. Für mich war der Theorieunterricht anfangs sehr schwierig, da ich noch nicht so ein optimales Vorstellungsvermögen hatte. Bei den praktischen Übungen tat ich mir leichter, und ich denke auch meine Kollegen, zum Glück haben die praktischen Übungen aber stark den Theoretischen überwogen. Ich denke, dass das auch richtig ist, denn in erster Linie ist der Feuerwehrmann im Einsatz praktisch tätig. Obwohl, es sollte der theoretische Teil nie außer Acht gelassen werden, da sehr viele Einsätze mit großen Gefahren verbunden sind und die lernt man vorwiegend aus der Theorie. Also zusammenfassend würde ich sagen, ein guter Feuerwehrmann ist ein Praktiker mit einem guten Wissen an Theorie. Kommen wir zu unserem ersten Tag in der Grundausbildung zurück, nach dem theoretischen Teil der Brandlehre gingen wir um 14 Uhr in den Innenhof der Feuerwache Floridsdorf. In diesem Innenhof verbrachten wir sicherlich unsere meiste Zeit der Ausbildung, er befindet sich von der Strasse aus gesehen hinter dem Gebäude, beinhaltet den Steigerturm, den Parkplatz für die Privatfahrzeuge der im Dienst befindlichen Beamten und einer Sitzgelegenheit in einer kleinen Laube, damit die Feuerwehrmänner im Sommer eventuell am Abend ein wenig im Freien sitzen können. Für uns war natürlich der Steigerturm von Bedeutung, ein gemauerter Turm mit drei Stockwerken, wobei pro Stockwerk zwei Fenster eingebaut waren, welche mit Holztüren verschlossen werden konnten. Hier konnten wir täglich unsere Übungen mittels Hakenleiter, Schiebleiter und gewisse Gruppeneinsätze durchführen. Natürlich wurde der Innenhof selbst ebenfalls für Übungen benutzt, wie z.B. dem Auslegen von Schläuchen, das in Stellung bringen von Schaumrohren und Pulverrohren. Vielleicht eine kurze Erklärung zu den beiden eben erwähnten Leitern, der Hakenleiter und der Schiebleiter. Die Hakenleiter ist an die 6 Meter lang und hat vorne zwei große runde Haken aus Metall, welche zum Einhängen in den Fensterauslassen geeignet sind. Somit könnte man mit einer erlernten Technik, jedes Stockwerk erreichen, Voraussetzung ist, dass vom Erdgeschoss an bis zum gewünschten Stockwerk alle Fenster offen sind, damit die Leitern auch problemlos eingehängt werden können. Eigentlich wird diese Leiter in den seltensten Fällen im Einsatz verwendet, trotzdem wird ihr in der Grundausbildung ein hoher Stellenwert gegeben. Die Überlegung ist die, dass die Feuerwehrmänner durch das tägliche Üben auf der Hakenleiter, einerseits das Steigen auf den Leitern erlernen, andererseits die Angst vor der Höhe verlieren. Deshalb wird bei Einsätzen mit besonderer Dringlichkeit auch bei Höhen bis zum dritten Stockwerk auf eine Sicherung verzichtet. Die Schiebleiter ist ebenfalls ein großer Bestandteil der Ausbildung, sie besteht aus drei Teilen, welche über Rollen mittels Seile ausgezogen werden kann und so eine maximale Höhe von 14 Metern erreicht. Im Einsatzfall wäre das bei neueren Häusern der dritte, bei alten Häusern der zweite Stock. Beide Leitern sind am Dach eines jeden Gruppenfahrzeuges verpackt. Es gibt noch eine dritte Leiter am Fahrzeug, eine so genannte Kombileiter, welche mit einer normalen Hausleiter zu vergleichen ist, mit ihr kann man maximal den ersten Stock erreichen.

So ging es eigentlich Tag für Tag dahin, Vormittag praktische Übung, Mittagessen mit kleiner Pause, Theorieunterricht bis 14 Uhr und danach meistens bis 16 Uhr wieder Übungen im Hofe der Wache. Von 16 Uhr bis 17 Uhr hatten wir meistens die Möglichkeit für unsere Sportprüfung, welche am Ende der Grundausbildung erfolgte, zu trainieren. Ich gewann Spaß daran, ging eigentlich mit Freude in die Arbeit, die Kollegen behandelten uns fair, wir brachten den nötigen Respekt und wir lernten viel dazu. Wie schon anfangs erwähnt muss das Erlernte aber auch überprüft werden und so kam mit großen Schritten meine erste Prüfung auf mich zu. Wenn man sie positiv beendet, hat man die Hälfte der Grundausbildung geschafft, noch mal dieselbe Zeit an Ausbildung, die ebenfalls wieder mit einer Prüfung endet, ja und dann ist es so weit, dem ersten Dienst bei der Feuerwehr Wien steht nichts mehr im Wege. Aber so weit war ich ja noch lange nicht, nun war die erste Prüfung bei der Grundausbildung die nächste Hürde und bei der möchte ich jetzt weiter erzählen.

Meine erste Prüfung

Meine Nervosität begann schon am Morgen beim Aufwachen und endete erst beim Gratulieren des Offiziers. Nun habe ich zwar schon eines vorweggenommen, nämlich dass ich die Prüfung bestanden habe, aber im Normalfall, wenn man gut mitarbeitet und etwas lernt, kann man zwar Punkte verlieren, aber durchfallen tut man in den seltensten Fällen. Im Normalfall bin ich so gegen 07 Uhr auf der Hauptfeuerwehrwache Floridsdorf eingetroffen, an diesem Tage war ich schon eine halbe Stunde früher auf der Wache. Ich habe mich umgezogen, in ein stilles Eckchen verkrochen und ging noch einige Unterlagen durch. Heute weiß ich, dass dieser Vorgang das Unnötigste vor einer Prüfung ist, denn was man bis dato nicht weiß, merkt man sich auch nicht mehr diese wenige Stunden vor der Prüfung, im Gegenteil es macht nur noch nervöser. Meinen Kollegen dürfte es ähnlich ergangen sein, denn gegen 06 Uhr 45 waren wir bereits komplett und tauschten gegenseitig Informationen aus. Plötzlich tauchten Textpassagen aus unsren Unterlagen auf, wo einige nervös zu fragen begannen, dass müssen wir auch können, also ein pures hektisches Treiben, und ich mittendrin. Je öfter ich eine Prüfung bei der Feuerwehr Wien hatte, desto ruhiger wurde, ließ dieses Spektakel in der Früh aus, gönnte mir einen Kaffee und eine Tageszeitung und konnte viel ruhiger und ausgelassener zur Prüfung antreten. Aber bei den ersten Malen war ich eben auch mittendrin involviert und um 07 Uhr 30 beim Antreten noch aufgeregter als beim Aufstehen in der früh zuhause. Das Antreten vor der Zugskommandantenkanzlei erfolgte wie jeden Tag, es wurden neue Fernschreiben vorgelesen, der Mannschaftsstand kontrolliert und etwaige Differenzen vom Vortag besprochen. Der Zugskommandant, ein Mann mit einem weißen Vollbart, er erinnerte mich immer irgendwie an einen Bergsteiger, wünschte uns noch alles Gute und wir wurden zum Fahrzeug übernehmen entlassen. Wir in der Grundausbildung hatten ebenfalls ein eigenes Fahrzeug, welches für uns abgestellt wurde, um während der ganzen Ausbildung störungsfrei arbeiten zu können, ohne dass Ausfahrten es behindern konnte. Wir fünf in der Ausbildung teilten uns die Räume immer so auf, dass jeder Beamter jeden Tag sich andere Gerätschaften anschauen konnte. Im ersten Teil der Grundausbildung ist dieses Fahrzeug übernehmen ein sehr wichtiges Faktum, da es ebenfalls Prüfungsstoff ist. Im Grunde ist das Wissen über das Unterbringen der Geräte auf den Löschfahrzeugen eines der wichtigsten Kriterien für einen jungen Feuerwehrmann, er sollte wirklich im Schlaf wissen wo und in welchen Raum sich die einzelnen Geräte befinden. Jedes Löschfahrzeug hat seitlich je drei Räume, welche mit Rollbalken verschlossen werden. Die einzelnen Räume sind mit Nummern gekennzeichnet, wobei die vom Fahrzeug aus gesehen auf der rechten Seite geraden Nummern, also zwei, vier und sechs haben und die auf der linken Seite die ungeraden Ziffern tragen, wobei die Räume eins und zwei sich gleich hinter dem Mannschaftsraum befinden. Weiters gibt es noch einen Pumpenraum, eine Dachfläche und eben den Mannschaftsraum, wo sich ebenfalls Gerätschaften befinden. Ein genauer Lageplan besagt genau welche Geräte sich in welchen Räumen zu befinden haben, und das wird täglich von den Feuerwehrmännern kontrolliert. Bei uns kann es nur Schlampigkeit sein, wenn Gerätschaften fehlen, aber bei den Einsatzfahrzeugen kommt es schon vor, dass bei Einsätzen das eine oder andere vergessen wird.

An diesem Tag habe ich nicht nur den mir zugeteilten Raum kontrolliert, sondern schaute mir nachher noch das gesamte Fahrzeug an, wieder so eine nervöse, unnötige

Handlung von mir, aber ich war nicht der einzige. Unser Ausbildner sagte uns, dass wir nach dem Übernehmen des Fahrzeuges sich im Ausgleichsraum treffen, wo wir dann den weiteren Vorgang erfahren werden. Geschlossen begaben wir uns in den ersten Stock zum besagten Treffpunkt, setzten uns an unseren Tisch, wo wir auch immer unsere Mahlzeiten einnahmen und warteten. Zehn Minuten später, es muss so gegen acht Uhr gewesen sein, kam unser Diensthabender Bereitschaftsoffizier mit dem Offizier des vorigen Tages, also seinem Ablöser und mit einem dritten Offizier herein. Sie kreuzten kurz unsere Blicke, wir erwiderten mit einem lauten guten Morgen, bestellten sich Kaffee und plauderten ungerührt weiter. So weit waren wir im Dienstgeschehen schon integriert, dass wir wussten, der dritte Offizier im Raum ist jener, der uns heute prüfen wird. Ich beobachtete ihn eingehend und mir war er irgendwie, eigentlich unerklärlich, nicht sehr sympathisch, welches meiner Nervosität nicht im geringsten abhalf. Kurz darauf kam einer unserer Ausbildner zu uns und erklärte uns den Ablauf der Prüfung. Er meinte, dass wir in etwa einer halben Stunde mit dem Hakenleitergang beginnen werden, danach anschließend gleich zwei bis drei Gruppeneinsätze durchführen müssen und vor der Mittagspause noch die Geräte des Löschfahrzeuges erklären und bedienen müssten. Nach einer Essenspause geht es dann in den theoretischen Teil, wo wir vor einer Prüfungskommission einzeln über unser Fachwissen abgeprüft werden. Prüfungskommission, hört sich an wie auf einer Universität, tatsächlich besteht aber so eine Kommission immer mindestens aus drei Personen. Eine Person davon ist der prüfende Offizier selbst, die beiden anderen sind eine Charge der Ausbildung und ein Vertreter der Gewerkschaft.

Wir begaben uns also in den Innenhof und begannen alles für die Prüfung herzurichten, da das Wetter eher kühl und regnerisch war, beschlossen wir einheitlich, uns noch mit der Einsatzjacke zu uniformieren. Die Übungsleitern wurden vom Abstellraum, der sich im Inneren des Steigerturmes befand, geholt, die Holzfenster des Turmes bis zum dritten Stock geöffnet und die Leitern für den Hakenleitergang in Stellung gebracht. Alle fünf Kollegen legten sich die Feuerwehrgurten um die Hüfte und nun warteten wir gespannt auf unseren ersten Prüfungsteil. Die Feuerwehrgurten, welche im Mannschaftsraum der Löschfahrzeuge verpackt sind, müssen immer bei allen Leiter- und Atemschutzeinsätzen, aber natürlich auch bei Übungen getragen werden. Sie bestehen aus einem breiten, stark widerstandsfähigen Material, welcher mittels Schnalle am Körper zu befestigen ist. Im vorderen Bereich hängt ein großer Karabiner, welcher für das Einhängen bei Arbeiten auf Leitern und für die Selbstrettung gedacht ist.

Gegen 08 Uhr 30 war es soweit, der Offizier, gefolgt von Lehrern und Gewerkschaft, kam in den Hof, ohne jeglichen Vorworte erwartete er einen sofortigen Beginn des Hakenleiterganges. Da ja nur drei Beamte gleichzeitig mit den Leitern die Übung absolvieren konnten, wurde nach dem Alphabet vorgegangen, es wurde somit auch für mich gleich brisant, ich nahm Aufstellung und wartete auf das Kommando, dass den Beginn der Übung einleitet. Meine Nervosität war noch immer sehr hoch, ich muss auch zugeben, der Hakenleitergang war nicht meine Stärke, tat mir auch aufgrund meiner Körpergröße ein wenig schwer. Bei gewissen Schritten während der Übung konnte ich die erforderlichen Angaben infolge meiner geringen Schrittweite nicht ganz einhalten, mit einem Auge sah ich, dass es der Offizier mit einem Lächeln hinnahm, meine Sympathie stieg dadurch nicht im geringsten. Nach Beendigung der Übung machte sich jeder der drei Beurteilenden Notizen auf ihren mitgenommen Unterlagen, gaben den beiden anderen Prüflingen Andeutungen sich bereit zu machen und gaben uns bereits Anweisungen die nächsten Prüfungsutensilien herzurichten. Mir fiel ehrlich gesagt der berühmte Stein vom Herzen, als der Leitergang für mich beendet war, wusste zwar nicht ob ich ihn zur Zufriedenheit absolvierte, aber wirklich grobe Fehler wurden von uns Dreien nicht begangen. Während also unsere beiden anderen Mitstreiter ihren Prüfungsteil absolvierten, richteten wir die Schiebleiter für den nächsten Teil her. Natürlich wussten wir jetzt welche Fragen und Anforderungen auf uns zukamen, teilten während dem Herrichten der Leiter noch intensiv unser Wissen gegenseitig aus, obwohl ich auch hier wieder sicher bin, dass das in keiner Weise etwas für den Prüfungserfolg beigetragen hat. So verging der Vormittag im Fluge, die praktischen Übungen verliefen eigentlich positiv, abgesehen von kleinen Fehlern, welche aber sicher der Nervosität zuzuschreiben waren. Jedoch wird hier von den Offizieren keine Rücksicht genommen, da sie den berechtigten Einwand bringen, dass es dann bei gewissen Einsätzen ebenfalls Nervosität geben kann. Nach Beendigung des Praktikums im Hofe wurde alles von uns wieder weggeräumt, die Prüfer begaben sich einstweilen in den Ausgleichsraum um auf das Mittagessen zu warten, wahrscheinlich auch den einen oder anderen Fehler unsererseits zu besprechen. Das Kartoffelgulasch, welches normalerweise einer meiner Leibspeisen ist, war für mich reine Nahrungsaufnahme, denn so wirklich schmecken konnte ich es nicht, auch den obligatorischen Kaffee nach dem Essen ließ ich aus.

Nun stand der theoretische Teil am Programm, unser Schulzimmer war der ausgesuchte Ort dafür. Die Tische wurden dafür so angeordnet, dass ein Tisch alleine stand, vier Schritte parallel entfernt etwa, waren dann drei Tische aneinander gestellt, dass der allein stehende Tisch für die Prüflinge bereit stand, brauche ich wohl nicht näher erläutern. Zusätzlich war links im Eck noch ein Tisch mit einem Sessel bereitgestellt, der ebenfalls von der Prüfungskommission gut einsehbar war. Bei der Feuerwehr wird bei den theoretischen Prüfungen im Allgemeinen so vorgegangen, dass sich ein Prüfling nach Erhalten der Frage eine Vorbereitungszeit von 10 Minuten nehmen darf, dafür ist der Tisch links im Eck gedacht. Ist er mit seinen schriftlichen Aufzeichnungen fertig, begibt er sich zu dem Tisch der vor den Prüfenden steht und beginnt über sein Thema zu referieren. Bevor er noch zu reden beginnt wird der nächste Schützling hereingebeten, er zieht ebenfalls ein Prüfungsthema, gibt sein Thema der Kommission bekannt und begibt sich zu dem im Eck stehenden Tisch um seine Aufzeichnungen zu machen. Jetzt ist es je nach Offizier unterschiedlich, ob er den Prüfling sein Referat komplett zu Ende reden lässt, oder ihn schon vorher unterbricht und ihm gezielte Fragen stellt, natürlich wird er im Vortragen sofort unterbrochen, wenn er Falsches und Unrichtiges erzählt. Natürlich kann es vorkommen, dass eine Frag bei einer theoretischen Prüfung länger als 10 Minuten dauert, einerseits wenn der Prüfling grobe Unsicherheiten zeigt, andererseits wenn der Offizier ein wenig bei dem momentanen Thema etwas ausschweift. In diesem Fall muss der Prüfling, der sich schriftlich vorbereitet, einfach solange warten, bis er dran kommt.

Ich war der Dritte an der Reihe, und das Warten bis man endlich hinein gebeten wird ist fast unerträglich. Als der erste Kollege aus dem Schulzimmer kam und sich zu uns gesellte wurde er regelrecht mit Fragen bombardiert, und das Lustige ist, dass man nachher noch unsicherer ist als vorher, und solche Aussagen tätigt, wie etwa:“ Was, so etwas will er auch wissen?“. Als der zweite Kollege mit seiner Vorbereitungszeit fertig war und für sein Vortragen bereit war, wurde ich hereingebeten. Man konnte mir sicherlich die Nervosität an meinem Gang und meiner Stimme bemerken. Die beiden Kollegen, also einer meiner Ausbilder und der Vertreter der Gewerkschaft, versuchten mich mit einem einfachen Lächeln zu beruhigen und zu erheitern, ich fand das einfach nur nett. Die Zettel der Fragethemen lagen direkt vor dem Offizier, natürlich umgedreht, damit man sie nicht lesen konnte, es waren noch sechs Zettel vorhanden, da es acht Themen im ersten Prüfungsgebiet gab. Die beiden ersten Themen, welche meine Kollegen vor mir gezogen hatten, wurden nicht mehr dazugelegt, sicherlich auch der Grund, dass die Prüfenden nicht zweimal dasselbe Thema vorgetragen bekommen. Ich nahm den zweiten Zettel von links, drehte in voller Erwartung um und begann laut vorzulesen, die drei Prüfer konnten meine Enttäuschung an meiner Gestik erkennen, notierten mein Referatsthema und nahmen mir den Zettel ab. Ich begab mich zu dem im links stehenden Tisch, wo auch Schreibgeräte und Zettel vorbereitet waren und begann mich vorzubereiten, ja meine Prüfungsfrage lautete:" Erkundung".

Erkundung, das Wort kannte ich früher nur aus der Eroberungs- und Erkundungszeit, wie die unbekannten Gebiete der Welt eben erkundet wurden, für was braucht man das bei der Berufsfeuerwehr Wien. Nun gut ich werde es ein wenig erläutern, bevor ich mit meinem Prüfungsstress fortfahre. Die Erkundung, man könnte sie auch eine Art Vorbereitung auf den tatsächlichen Einsatz sehen, ist bei wirklich dringenden Einsätzen eine sehr wichtige Phase im Einsatzgeschehen. Mit der Erkundung beginnt man bereits beim Lesen des Einsatzschreibens während der Anfahrt zum Einsatzort, welches uns Angaben über Örtlichkeiten, den Anzeiger und diverse Sonderheiten, die am Einsatzschreiben vermerkt sind, geben. Mit Örtlichkeiten meine ich, dass wir an Hand von Plänen feststellen, ob sich Gebäude mit starken Personenfrequenzen in der Nähe oder vielleicht sogar betroffen sind, wie zum Beispiel Schulen, Krankenhäuser oder Amtsgebäude. Auch der Anzeiger ist entweder mit der Dienststelle, wie zum Beispiel ID für Informationsdienst der Polizei oder eine Magistratsabteilung, wie MA 31 (Kanalräumung) angegeben oder eben eine Privatperson mittels Namen. Man kann hierbei davon ausgehen, dass es sich bei Anzeigen von Dienstellen meist um keine Mystifikation handelt. Während der Anfahrt zur Einsatzstelle wird auch in den Plänen wegen Standorten von Hydranten und Einspeisestellen von Trockensteigleitungen nachgeschaut, natürlich zählt auch dies zur Erkundung. Meistens wird vom Einsatzleiter auch über Funk nachgefragt ob es vom Anzeiger, als der Person die telefonisch die Feuerwehr alarmierte, besondere Hinweise gegeben hat, ich meine da zum Beispiel, ob sich noch eine Person in der Brandwohnung befindet, oder das es bereits schon mehrere Anzeigen zu diesem Einsatz gibt. All dies wird bis zum Erreichen der Einsatzstelle als Erkundung bezeichnet, kommt das erste Fahrzeug dann am angegebenen Ort an, beginnt der zweite Teil der Erkundung. Hierfür gibt es an Hand der Dienstanweisung der MA 68 drei Möglichkeiten, die sich nach der Einsatzart richtet. Ist es nur ein Kleinbrand, also ein Einsatz, wo laut Ausrückeordnung nur ein Gruppenfahrzeug hinfährt, lautet das Aviso: „Erkundung Kleinbrand", welches vom Fahrzeug- bzw. Gruppenkommandant gegeben wird. Aufgrund dieses Befehls des Kommandanten, wissen die Feuerwehrmänner sofort Bescheid, welche Geräte sie mitzunehmen zu haben und weiters, dass zwei Kollegen am Fahrzeug verbleiben. Das hat den Grund, da ja keine anderen Fahrzeuge mehr nachkommen, und wenn der Kleinbrand eventuell ein doch größeres Ausmaß hat, dass der Gruppenkommandant über Funk die beiden am Fahrzeug verbleibenden Kollegen anweisen kann, diverse Geräte nachzubringen oder sogar eine Löschleitung auszulegen. Die zweite Art der Erkundung lautet:" Erkundung Brand", sie ist die Erkundungsart die die erste ankommende Löschgruppe durchführt, hier allerdings von allen fünf Feuerwehrmännern, da auch einige Geräte mehr mitgenommen werden. Diese Erkundungsart wird für die Einsätze Zimmerbrand, Geschäftsbrand oder auch Kellerbrand durchgeführt. Die dritte Art lautet „Erkundung Steigleitung" und ist eine Sonderform, welche nur für stark frequentierte Häuser und Hochhäuser angewendet wird. Im Allgemeinen kann noch gesagt werden, dass die Erkundung eine sehr wichtige Einsatzphase ist und man durch eine gute Erkundung eine sehr schnelle Beendigung des Einsatze herbeiführen kann bzw. so wichtige Daten und Fakten an die andern Kollegen weitergeben kann, dass unnötige Risiken und Gefahren vermeidet werden können.

Ja, und so ähnlich hätte ich es auch vortragen sollen, wie ich endlich an der Reihe war, doch so ausführlich und glaube doch verständlich konnte ich es nicht wiederbringen. Aber im Großen und Ganzen waren meine Prüfer mit mir, aber auch mit meinen Kollegen zufrieden. Jeder von uns musste noch ein zweites Mal zur theoretischen Prüfung, diesmal waren die Themen Einsatzarten und die Einsatztaktik an der Reihe, worüber wir referieren mussten. Nachdem wir alle durch waren, durften wir in den Ausgleichsraum um uns zu stärken, die Prüfungskommission setzte sich zusammen, um die Punktevergabe der einzelnen Akteure durchzugehen. Auch wenn wir noch nicht wussten, ob der eine oder andere Punkte abgegeben hat, war die Stimmung schon um vieles lockerer, denn eines war uns allen klar, durchgekommen sind wir alle. Ich muss auch zugeben, der Kaffee schmeckte mir schon einigermaßen und ich war doch um einiges erleichtert, meine erste Prüfung der MA 68 hinter mir zu haben. Es dauerte nicht allzu lange, ich schätze gerade mal 15 Minuten, als wir über die interne Lautsprecheranlage in das Schulzimmer gebeten wurden. Wir wurden schon erwartet, der Offizier persönlich bat uns im Schulzimmer nebeneinander Aufstellung zu nehmen, hielt eine kurze Ansprache über Mitarbeit und Eifer und gratulierte uns einzeln per Handschlag. Nachher verkündete er die Punktevergabe, wobei ein Kollege einen Punkt abgab, die anderen, mit mir eingeschlossen, blieben sauber. Kurz erläuterte er noch den Grund für den Punkteverlust, da er im Einvernehmen mit Lehrer und Gewerkschaft der Meinung war, dass der Kollege beim ersten theoretischen Teil doch einige Unsicherheiten zeigte. Gleich darauf verabschiedete er sich bei uns und den anderen Prüfern und verließ das Zimmer, natürlich schlossen sich Lehrer und der Kollege der Gewerkschaft an der Gratulation an und trösteten den einen Beamten, da er doch Enttäuschung zeigte. Gemeinsam nahmen wir noch einen Trunk im Kaffeehaus, analysierten den Prüfungshergang und waren doch alle sehr erleichtert. Obwohl es erst 15 Uhr war, durften wir nach dem Austrinken uns bereits umziehen und die Wache verlassen, wir nahmen es mit Dank an, da wir auch genau wussten, morgen geht es mit dem zweiten Teil der Grundausbildung weiter. Nach einer kurzen Dusche und dem Umziehen rief ich noch meinen Vater über die interne Telefonanlage der MA 68 auf der Hauptfeuerwache Döbling an und verkündete doch auch mit ein wenig Stolz meinen Prüfungserfolg. Beim Nachhause fahren dachte ich noch, dass ich jetzt nur noch einen kleinen Schritt vom tatsächlichen Feuerwehrdienst entfernt war und freute mich insgeheim auf meinen ersten Tag im Schichtdienst der Berufsfeuerwehr Wien.

Der zweite Teil der Grundausbildung

Der nächste Tag war eigentlich so wie jeder anderer im ersten Teil der Grundausbildung, wir zogen uns unsere Uniform an, tranken einen Kaffee und plauderte über allfälliges, um halb acht wurden wir mit dem Zeichen zum Dienst befohlen. Als um acht Uhr dann endlich der tatsächliche zweite Teil begann, analysierten unsre Ausbildner noch kurz den Prüfungstag, gaben einen kurzen Überblick über die nächsten Tage und schickten uns in den Hof um die Leitern für den täglichen Hakenleitergang herzurichten. Obwohl die Leiterübungen kein Prüfungsstoff mehr sind, ist es in der Grundausbildung üblich, dass man auch im zweiten Teil den täglichen Hakenleitergang durchführt, sowie die Schiebleiter hie und da im Übungsprogramm integriert. Trotzdem muss ich zugeben, dass mir ab diesen Tag der Leitergang um einiges leichter fiel, da ich ja wusste, ich kann in diesem Teil keine Probleme bzw. Punkteabzüge bekommen. Ich denke, es ging aber allen so, denn wir wurden von Tag zu Tag immer selbstbewusster und exakter in unseren Bewegungen, die Lehrer konnten während unserer Besteigung in den dritten Stock keinerlei Fehler mehr finden.

So verging ein Tag nach dem anderen, es wurde schon eine Selbstverständlichkeit. Nach dem Antreten wurden die Leitern hergerichtet, die Gurte angelegt und wir warteten nur mehr auf das Kommando unseres Ausbildners. Danach wurde die Leiterübung durchgezogen, die Leitern danach im Übungsturm auf ihren Plätzen verstaut und schon warteten wir mit Ungeduld, dass man uns sagte, welche Übungen folgten. Von Tag zu Tag wuchs auch die Ungeduld auf den ersten Schichtdienst und vor allem auf unsere erste Ausfahrt. Noch wussten wir eigentlich nicht in welche Gruppe und auf welcher Wache wir eingeteilt werden, es wurde uns aber versichert, dass es in den nächsten Tag bekannt gegeben wird. Die Gruppeneinteilung war uns eigentlich von Vorhinein schon klar, da man sehr große Rücksicht auf familiäre Bekanntschaften nimmt, damit will ich sagen, hat ein Jungmann einen Vater, einen Bruder oder Onkel bereits bei der Feuerwehr, so wird er mit großer Wahrscheinlichkeit in seine Gruppe eingeteilt. Ist einerseits ein sozialer Zug der Gemeinde Wien bzw. der Dienstführung Branddienst, denn würde ich zum Beispiel in die Gruppe B kommen, so würde ich meinen Vater immer nur an zusätzlich dienstfreien Tagen zu Gesicht bekommen, und so sind wir immer an den selben Tagen im Dienst und zuhause. Da auch drei andere Kollegen meiner Ausbildung bereits Väter bzw. Schwiegerväter bei der Feuerwehr hatten, wussten wir also bzw. konnten wir uns denken, wo wir eingeteilt werden. Nur ein Kollege hatte keinerlei Bekanntschaften bei der MA 68, aber somit war es ihm auch egal, wohin sie ihn einteilten. Mit der Einteilung der Feuerwachen waren wir aber absolut im Unklaren, obwohl wir wussten, dass hier ein wenig Rücksicht genommen wurde, in welchen Bezirk wir gemeldet waren. Da ich im 19. Bezirk wohnte, würde im Normalfall die Sektion sechs, also Döbling am ehesten für mich zutreffen, da aber in Döbling bereits mein Vater Dienst machte, war mir klar, dass ich dort nicht eingeteilt werde, was mir aber auch sehr Recht war. Etwa zwei Wochen vor der zweiten Teilprüfung war es dann soweit, ein Anruf der Dienstführung Branddienst für einen unserer Ausbildner, kurz darauf erschien er mit einem Zettel ausgerüstet und verlas unsere Namen mit der eingeteilten Dienstgruppe, der Sektion und der darin befindlichen Wache. Für mich hieß es:“ Jelinek, Dienstgruppe A, Sektion fünf, Hauptfeuerwache Hernals“. Wieder einen Schritt näher dem ersten 24 Stunden Dienst der Berufsfeuerwehr Wien, für Hernals gab es die Gerüchte, dass es eine gute Kameradschaft gibt, aber es auch sehr viele Einsätze. Ich musste meine Neuigkeiten natürlich in der nächstmöglichen Pause sofort meinem Vater verkünden, er bestätigte die Gerüchte mit fast den selben Worten.

Die letzten zwei Wochen vergingen wie im Fluge, wobei wir die letzte Woche täglich nur mehr Stoff wiederholten und uns bereits für die zweite Teilprüfung intensiv vorbereiteten. Man merkte uns mit jedem längeren Tag der Grundausbildung an, dass wir nur dem Ende beisteuerten und uns schon wahnsinnig auf die ersten Einsätze freuten, obwohl man, glaube ich, nicht behaupten konnte, dass wir deswegen unsere Arbeit schlampig oder unkonzentriert Vorrichteten. Auch die Vorbereitungen für die Prüfung begannen allmählich, und somit stieg meine Nervosität wieder leicht an, wobei ich ja, glaube ich, schon einmal erwähnte, dass die Nervosität in gewissen Grenzen nicht behindernd für die Konzentration und dem Erfolg ist. Auch später in den wichtigen und doch gefährlichen Einsätzen ist eine Spur von Nervosität vorhanden, welches aber sehr wichtig ist, denn würden solche Einsätze ins alltägliche gehen, würden sicher einige grobe Fehler passieren und somit könnte es schlimme Folgen haben. Natürlich gibt es Einsätze, wie jetzt zum Beispiel KFZ Entfernung, wo der Gefahrenpegel sehr nieder ist, es kommt eine gewisse Routine auf, und man wird einfach automatisch nachlässig, und da passieren dann eben viele kleine Fehler, welche bei einem Kellerbrand nicht auftreten, aber ich denke, da ist der Gruppenkommandant gefordert, solche Routinefehler in Vorhinein zu erahnen und einzuschreiten. Sollte jetzt die Bezeichnung des einen oder anderen Einsatzes Unklarheiten hervorrufen, so ist das kein Problem, denn ein paar Seiten später werde ich sowieso alle möglichen Einsätze an Hand von Beispielen aufzählen und erklären. Für mich war und ist der Gruppenkommandant immer mit einem Schiedsrichter bei einem Fußballspiel vergleichbar, denn wenn ein Fußballspiel ohne Fouls und Regelproblemen abläuft, braucht er auch nicht einzugreifen, und beim Kommandanten verläuft das ähnlich. Wenn die Feuerwehrmänner gewissenhaft bei der Sache sind, konzentriert zur Arbeit gehen und den Einsatz perfekt ablaufen lassen, sollte der Kommandant meiner Meinung auch nicht eingreifen. Außerdem bereitet es den jungen Kollegen auch riesigen Spaß selbstständig zu arbeiten, ist jedoch eine Ungereimtheit in der Mannschaft, oder werden eben die vorhin angesprochenen Routinefehler begangen, dann muss er eingreifen um die Mannschaft wieder auf den richtigen Pfad zu bringen.

Ich hab mich mal wieder ein wenig verführen lassen und habe im Thema vorgegriffen, nun aber wieder zurück in die Endphase der Grundausbildung in Floridsdorf. Wir merkten auch an den Kollegen, welche in Floridsdorf Dienst machten, dass wir immer mehr in die Mannschaft aufgenommen wurden. Wir merkten es vor allem, dass wir immer öfters das Du Wort von Kollegen angeboten bekamen, im Ausgleichsraum gesellten sich ab und zu Kollegen zu uns und wir plauderten einerseits über alltägliches, aber auch in feuerwehrspezifische Themen wurden wir mehr und mehr involviert, es machte einfach Lust und Laune in der Früh in die Arbeit zu gehen. Die letzen drei Tage gab es nur mehr ein Wiederholen des gesamten Stoffes, ein gegenseitiges Abprüfen und ein verfeinern unserer Referate. Einen Tag vor der Prüfung hatten wir die sportlichen Abschlussprüfungen zu absolvieren, einerseits die körperliche Fitness, andererseits die Schwimmprüfung für den Rettungsschwimmer. Beim erstgenannten machte ich mir keine Sorgen, ich war in guter körperlicher Verfassung, aber bei der Schwimmprüfung, da hatte ich so meine kleinen Probleme und die machten mir Bauchweh. Anfangs meiner Geschichte erwähnte ich ja bereits, dass die Absolvierung des Rettungshelfers heutzutage bereits Voraussetzung ist, sie muss also privat absolviert werden und bei der Aufnahme vorgewiesen werden. Wir hatten noch in der Grundausbildung die Schwimmprüfung, und zwar jeden Montagnachmittag im Hallenbad Floridsdorf. Ich war erstens kein guter Schwimmer und zweitens kein begeisterter Schwimmer und das ist kein guter Mix für die schwimmbegeisterten Leopoldstädter, welche die Ausbildung durchführten. Sie sind alle bei den Feuerwehrtauchern beschäftigt, und so wurden immer zwei oder drei Kollegen für uns abgestellt, um uns die Übungen zu zeigen. Während wir unsre Runden schwammen, trainierten sie meistens für Tauchprüfungen oder Überprüfungen. Obwohl ich wirklich in guter körperlicher Verfassung war, setzten mir die zwei Stunden im Wasser immer extrem zu, wahrscheinlich auch deswegen, da ich sehr viel mit Kraft schwamm und keine Technik besaß. Anfangs mussten wir immer 20 Minuten Brustschwimmen, und 10 Minuten Rückenschwimmen, wobei wir hierzu aber keine Hände verwenden durften. Dann kam ein Sprung vom Dreimeterbrett, bei der Prüfung musste es ein Köpfler sein. Anschließend die Tauchübungen, welche aus dem Durchtauchen des Becken bestanden, also 25 Meter weit, einen drei Kilo schweren Stein im Wasser dreimal hintereinander auftauchen, ohne jedoch sich am Beckenrand festzuhalten, geschweige denn Hineinzuspringen um zu tauchen, und zu guter Letzt, wurden vom Prüfer sieben Ringe ins Wasser geworfen, welche auf einmal aufzutauchen waren. Danach mussten wir uns ein Blauzeug anziehen, ist glaube ich ein Feuerwehrbegriff, wir meinen damit ein blaues Arbeitsgewand, bestehend aus einer Jacke und einer Hose, welche auch in fünffacher Ausführung auf allen Gruppenfahrzeugen aufgerüstet sind. Damit mussten wir uns zehn Minuten einschwimmen, freier Stil war erlaubt, und danach erfolgten zwei Beckenlängen, also 50 Meter, die Rettungsübungen, wobei mindestens drei verschiedene Griffe vorgeführt werden mussten. Bei dieser Übung musste immer ein Kollege den Verletzten mimen, er sollte sich auch schwer machen, damit meine ich, er durfte selbsttätig keine Schwimmbewegungen tätigen. Das war für mich die schwerste Übung, und ich wäre auch fast bei dieser Prüfung durchgefallen, ich glaube sie werteten mir mein Arrangement sehr hoch an, denn ich zeigte immer großen Willen, um den Rettungsschwimmerschein zu schaffen. Bei den Rettungsübungen verließen mich aber des Öfteren meine Kräfte und ich gebe offen und ehrlich zu, mit 100 Prozent habe ich diese Prüfung nicht absolviert. Endlich gegen 11 Uhr wurden wir im Schwimmbad Floridsdorf entlassen, ohne Umschweife gingen wir zu Fuß Richtung Feuerwache, unser wohlverdientes Mittagessen erwartete uns, und am Nachmittag mussten wir noch die Sportprüfung absolvieren. Ich hatte bei diesem kleinen Spaziergang ein richtiges Freigefühl, eine der letzten großen Hürden hatte ich soeben überstanden, ich genoss den Augenblick und freute mich schon auf die freudige Überbringung meiner Nachricht, denn ich wusste, auch meinem Vater war die Schwimmprüfung ein Stein im Herzen. Die Küchenbesatzung wartete schon mit dem Essen auf uns, es gab Fleischlaibchen mit Püree, noch dazu einer meiner Leibspeisen, irgendwie dachte ich, wie wenn sie es gewusst hätten, was natürlich reine Einbildung gewesen war. Gleich nach dem Essen ließ ich mir einen Kaffee runter, wir durften jetzt sogar schon selbst Hand anlegen, wie gesagt wir fühlten uns regelrecht willkommen bei Ihnen, goss mir ein wenig Milch ein, und begab mich zum internen Telefon um meinen Vater die Nachricht zu übermitteln. Der Nachrichtenbeamte in Döbling schimpfte ein wenig mit mir, denn ich hatte in der Aufregung total auf die Zeit vergessen, es war bereits fünf Minuten vor Zwölf und der Kollege vom Nachrichtendienst dürfte schon geschlafen haben. Ich nahm es in Kauf, verlangte trotzdem meinen Vater und er freute sich mit mir.

Nach einer Pause von etwa 100 Minuten mussten wir uns mit Sportdress in den Turnsaal begeben, wo die vorhin erwähnte Sportprüfung anstand, zum Unterschied vom letzten Überprüfen, war diesmal kein Offizier anwesend. Ich nehme an, dass der zuständige Offizier sich mit unserem Ausbildner über unseren körperlichen Zustand telefonisch unterhalten hat, und unser Lehrer dürfte ihm den Weg aufgrund seiner Aussagen über unsere Fitness erspart haben. Irgendwie läuft es lockere ab, wenn kein Offizier anwesend ist, ich kann aber nicht beurteilen, warum das so ist, und es wurde auch in keinster Weise die Leistung geschmälert, wir konnten uns alle ein wenig gegenüber dem letzten Prüfungsergebnis steigern. Gegen 15 Uhr 30 waren wir fertig mit der Überprüfung und da ja morgen unser letzter Tag der Grundausbildung anstand, wurden wir ausnahmsweise schon früher entlassen. Wir nahmen es dankend an, da wir noch einen anstrengenden Abend vor uns hatten, kam es eigentlich sehr gelegen. Ein Kollege von uns hat aufgrund seiner räumlichen Gegebenheiten das Los gezogen uns heute Abend alle zu empfangen, aber nicht vielleicht unsre sportlichen Erfolge zu feiern. Nein wir nahmen uns vor, dass wir nach einem kleinen Imbiss, denn uns netter Weise seine Frau bereitete und servierte, den gesamten Prüfungsstoff noch einmal durchzugehen und gegenseitig vorzutragen. Ich glaube dieser Abend hat sehr zu unserem morgigen Erfolg beigetragen, denn alleine durch das Zuhören beim Vortragen der Kollegen lernt man sehr viel und man behält es auch. Ich habe da vielleicht ein wenig vorgegriffen, aber wie schon einmal erwähnt, dass ich durchgekommen bin ist ja eigentlich dem Leser ohnehin klar, denn sonst wäre ich ja heute nicht mehr bei der Berufsfeuerwehr Wien. Das war sie meine Grundausbildung in Floridsdorf, nun fehlt nur mehr der morgige Prüfungstag und dann gibt es endlich den ersten 24 Stunden Schichtdienst, damals hatte ich große Bedenken und Nervosität, aber gefreut habe ich mich trotzdem schon.

Die zweite Prüfung in der Grundausbildung

Eigentlich kann man mich als Morgenmensch bezeichnen, bin weder mürrisch noch schlecht gelaunt in der früh, diesen besagten Morgen, also an meinem zweiten war ich nur sehr nervös, stand schon eine halbe Stunde als früher auf, und das ohne Wecker. Ich habe es mir so angewöhnt, dass ich beim Läuten des Weckers sofort aufstehe, mich anziehe, das Gesicht wasche und in die Arbeit fahre, die restliche Morgenwäsche, wie duschen und Zähneputzen erledige ich in der Arbeit, dass mache ich auch heute noch so. An dem besagten Tag im Mai 1988 beließ ich meine Gewohnheiten, nur eben alles eine halbe Stunde früher, ich war aber nicht der einzige der so regierte, alle meine Kollegen trafen früher in der Arbeit ein, wir zogen uns um und setzten uns an unserem gewohnten Platz im Ausgleichsraum. Zu dieser Zeit also so etwa gegen halb sieben Uhr früh ist einiges los im Dienst, denn es ist ja die Zeit der Ablöse, und somit befinden sich sehr viele Kollegen der Dienstgruppe A und B im Ausgleichsraum. Der für eben angesprochenen Raum eingeteilte Beamte hat um diese Zeit sehr viel zu tun, ständig Kaffee machen, das Leergeschirr wieder abzuwaschen, Zucker, Milch nachzufüllen und etwaige Mehlspeisen herzurichten. Zu dieser Zeit, so etwa bis acht Uhr darf oder besser gesagt sollte sich kein anderer hinter der Schank aufhalten, um sich Kaffee selbst zu bereiten oder andere Getränke aus dem Kühlschrank zu nehmen, denn dafür wäre es zu eng und der Kaffeesieder, so wie er bei uns genannt wird, wäre in seiner Arbeit gestört. Ich selbst gehe heutzutage wenn ich in der Früh von Arbeit nachhause gehe eher selten in den Ausgleichsraum, ich warte auf meinen Ablöser, gehe mich waschen und fahre nachhause, aber viele Kollegen nützen eben die Gelegenheit und trinken vor dem Nachhause gehen noch einen Kaffee oder Tee, ist ja alles einem selbst überlassen. Also wie gesagt, wir setzten uns zum letzten Mal an unseren gewohnten Platz, holten uns Kaffee und manche auch Kuchen und gingen noch einige Themen für die heutige Prüfung durch. Den Fehler, wie vor der ersten Prüfung, begingen wir nicht, dass wir noch Ungereimtheiten und spezielle Textpassagen vorbrachten und alle anderen dadurch nervös und eventuell unsicher machten. Um halb acht gingen wir wie jeden Tag antreten, übernahmen unser zugeteiltes Fahrzeug, reinigten uns danach die Hände, holten unsere Unterlagen und begaben uns ins Schulzimmer. Auch diesmal hatten wir einen praktischen und theoretischen Teil zu absolvieren, also es waren wieder einige Vorbereitungen zu treffen und wir warteten eigentlich nur mehr auf unsere Ausbildner, damit sie das ok geben.

Gegen 08 Uhr 15 war es dann endlich soweit, einer unser Lehrer kam zu uns, teilte uns mit, dass der prüfende Offizier eingetroffen ist, und wir mit dem praktischen Teil, den Gruppeneinsätzen beginnen werden. Er wies uns noch an, welche Utensilien vorzubereiten sind und verließ das Schulzimmer. Wir machten uns gleich an die Arbeit, denn jeder war froh, dass es endlich anging, begaben uns in den Innenhof der Feuerwache und begannen alles für die Prüfung herzurichten. Die notwendigen Gerätschaften wurden aus dem Steigerturm geholt und unser abgestelltes Löschfahrzeug wurde von einem Kollegen des Fahrdienstes in die Mitte des Hofes chauffiert. Nun war alles hergerichtet und wir warteten eigentlich nur mehr auf die Prüfungskommission, welche natürlich, wie bei der ersten Teilprüfung und auch bei allen weiteren Prüfungen aus dem tatsächlichen Prüfer, einem Offizier, einem Vertreter der Gewerkschaft und einem der Lehrer, meist dem dienstältesten Kollegen besteht. Da der Offizier solche Prüfungen immer im dienstfreien Tag absolviert, hat er es meist doch einigermaßen eilig und er strebt einen baldigen Beginn an, manche streben dann noch ein baldiges Ende auch an, welches sich meistens positiv für die Prüflinge herausstellt. Dem war es auch so und nach etwa 10 Minuten Wartezeit kamen sie alle gemeinsam in den Innenhof der Hauptfeuerwache Floridsdorf. Diesmal war es nicht derselbe Prüfer, wie bei der ersten Teilprüfung, sondern ein sehr jung aussehender Offizier mit sportlicher Figur. Er strahlte Ruhe und Gelassenheit aus, welches auf uns einen sehr positiven und hoffnungsvollen Eintrug machte. Später habe ich dann erfahren, dass der Offizier die Sparte Branddienst übernehmen wird und deshalb Prüfungserfahrung in der Grundausbildung suchen soll. Es erfolgte auch gleich die erste Erneuerung, nach dem Verkünden des ersten Teilgebietes, es war wie erwartet der Gruppeneinsatz, teilte er gelbe, ärmellose Jacken an die vier Akteure aus. Der Gruppenkommandant, welcher von einem Oberfeuerwehrmann, der in Floridsdorf Dienst versah, gespielt wurde, bekam kein Jäckchen. Der Sinn dieser Aktion war der, dass auf jeder dieser Jacke eine Nummer von eins bis vier groß am Rücken geschrieben war, und somit konnte er genau beim Ablauf der Prüfung erkennen, wer die Nummer eins, wer die Nummer zwei usw. ist. Ich glaube bereits erklärt zu haben, dass bei solchen Gruppeneinsätzen, die die Grundstruktur bei Einsätzen stellen soll, jede Nummer gewisse Aufgaben und Pflichten zu erfüllen hat, und vergisst jetzt zum Beispiel die Nummer 2 den Werkzeugkoffer, so ist er im Normalfall nicht oben bei der Türe, wenn sie aufgebrochen werden muss. Sehr umsichtige Gruppenkommandanten, aber auch ältere Feuerwehrmänner bemerken jedoch oft solche fatale Fehler und machen die jeweilige Nummer darauf aufmerksam, oder eine andere Nummer nimmt den Koffer anstelle der nervösen oder vergesslichen Nummer zwei mit. Natürlich merken sich die Offiziere auch bei der Nummernvergabe nicht wer jetzt welche Nummer ist, ist der Werkzeugkoffer, um bei diesen Beispiel zu bleiben, an der Einsatzstelle, so genügte es und die Nummer zwei konnte nicht für seinen Fehler bestraft werden. Der junge Offizier dürfte sich da etwas überlegt haben, und somit konnte er ohne Probleme feststellen, ob auch tatsächlich die Nummer zwei den Koffer trägt, und nicht ein anderer Kollege ihm sein vergessenes Utensil nachträgt.

Unser erstes Einsatzbeispiel, bei dem ich ebenfalls dabei war, und zwar als Nummer 3, war die Einsatzart:" Kombischaumrohr, vor!" vorgegeben. Dieser Einsatz, welcher bei brennenden Flüssigkeiten verwendet wird, ist im Prinzip ein leichter Einsatz, ich meine jetzt in Bezug auf Fehlerquellen, in der Praxis sind solche Einsätze sehr gefährliche und meist langwierige Einsätze. Die Aufgaben des Gruppenkommandanten und den Nummern eins und zwei bestehen darin, sich den Atemschutz anzulegen und sich an die Einsatzstelle zu begeben, währenddessen bereiten die Nummern drei und vier die Löschleitung inklusive Schaumkanister, Schaumrohr und Zumischer vor. Ist das Team gut eingespielt, sind beide Gruppen, also der Angriffs- und der Versorgungstrupp mit ihren Vorbereitungen ziemlich zur selben Zeit fertig und die tatsächliche Arbeit, den Brand zu löschen, kann beginnen. Der Einsatz verlief gut und von Seiten der Kommission gab es keine Einwände, die Leibchen wurden abgegeben und ein neuer Einsatz wurde vom Prüfer kommandiert, wobei natürlich darauf geachtet wurde, dass wir nicht die selben Nummern wie beim vorigen Einsatz bekamen.

Bevor ich über die Prüfung weitererzähle, möchte ich kurz noch das Thema Schaum anschneiden, sowie den Begriff Kombischaumrohr erläutern. Schaum im Allgemeinen, besteht aus Wasser, Schaummittel und Luft. Bei der Feuerwehr Wien gibt es zwei Systeme, wie der Schaum erzeugt wird, welches vom zu verwendeten Löschfahrzeug abhängt. Wir bei der Prüfung verwendeten das System mittels Zumischer, hierzu muss das Schaummittel erst dem Wasser außerhalb des Löschfahrzeuges beigemengt werden, beim anderen System geschieht das bereits im Pumpwerk des Fahrzeuges. Bleiben wir bei dem System, welches wir bei der Prüfung auch hatten, nebenbei ist es auch das weit öfter verwendete System. Es muss hierfür eine Löschleitung mittels C-Schläuchen, also den üblich verwendeten Schläuchen, so verlegt werden, dass das brennende Material gut zugänglich von allen Seiten erreicht werden kann. Zwei Schlauchlängen vor dem Schaumrohr wird der Zumischer eingebaut, wo auch die Schaumkanister, meist in 20 Liter Behältern abgefüllt, abgestellt werden. Beim Erteilen des Aviso: „Wasser, marsch", wird vom Maschinisten die Pumpe des Löschfahrzeuges in Betrieb genommen und Wasser kommt mit einem Druck von etwa sechs bis sieben bar in die Leitung. Das Kombischaumrohr hat einen Manometer eingebaut, zeigt es mindestens fünf bar an, gibt der Rohrführer das Aviso: „Schaum, marsch", der D-Saugschlauch, welcher am Zumischer angeschlossen ist, wir in einen der bereitgestellten Schaumkanister eingetaucht. Nun fließt bis zum Zumischer reines Wasser, ab dem Zumischer wird durch Injektorwirkung das Schaummittel angesaugt, in der Regel zu einem dreiprozentigen Verhältnis, und somit fließt in den letzten beiden Löschschläuchen ein Wasserschaummittelgemisch bis zum Kombischaumrohr. Jedes Schaumrohr hat vor dem Ausguss Luftschlitze, aufgrund des Durchflusses des Gemisches entsteht wieder ein Unterdruck und Luft wird angesaugt, der Schaum ist fertig. Bei der Berufsfeuerwehr Wien gibt es zwei unterschiedliche zu verwendete Schaummittel, eines für den Einsatz zum Löschen von wassermischbaren Flüssigkeiten, also zum Beispiel Aceton oder Alkohol, das andere für nicht mischbare Flüssigkeiten, wie zum Beispiel Benzin. Nun noch ein paar Worte zum Kombischaumrohr, wobei jedes Schaumrohr bei der Feuerwehr im Verhältnis Durchflussmenge und Verschäumungszahl angegeben, also zum Beispiel Schaumrohr 4/15, wird. Klingt kompliziert und langwierig, ist aber nicht so, wie wir gleich merken werden. Die 4 steht also für die Durchflussmenge, angegeben in Hektoliter, da wir ja wissen, dass durch einen C-Schlauch 400 Liter, also 4 Hektoliter durchfließen ist dieser Faktor geklärt. Die Verschäumungszahl gibt das Verhältnis Luft zur Durchflussmenge an, also bei 15 ist um diesen Faktor mehr Luft als Flüssigkeit. Multipliziert man diese beiden Faktoren miteinander, so hat man die in der Minute hergestellte Schaummenge, also in unserem Fall 6 m^3. Jetzt stellt sich natürlich die Frage, für was braucht man das Ganze. Ganz einfach, den so genannten Schwerschaum, er hat die Verschäumungszahl bis 20, wird für Flüssigkeiten verwendet, welche bei unserer Ankunft bereits brennen. Mittelschaum, eine Verschäumungszahl 20 – 200, wird für Flüssigkeiten verwendet, welche ausgetreten sind, aber noch nicht in Brand geraten sind. Hierfür ist eben der Mittelschaum besser, da er ja eine höhere Verschäumungszahl hat, somit einen höheren Anteil an Luft hat, und somit kann man gegenüber dem Schwerschaum mehr Schaumvolumen in einer gewissen Zeit herstellen, die ausgetretene Flüssigkeit so schnell als möglich abdecken, bevor sie sich entzündet. Würde man Mittelschaum bei einer bereits in Brand gesetzten Flüssigkeit einsetzten, würde er aufgrund seines hohen Luftanteiles und somit geringen Gewichtes infolge des Wärmeauftriebes wegfliegen und der Löscheffekt wäre gleich Null. Kommen wir zum Schluss zu unserem Kombischaumrohr zurück, es heißt deswegen so, da man mit Ihm zwei verschiedene Schaumarten, eben nämlich Schwer- und Mittelschaum herstellen kann. Es wird einfach ein montierter Hebel umgelegt und dadurch wird der Lüftungsschlitz größer oder kleiner, und es kann dementsprechend weniger oder mehr Luft angesaugt werden, das Kombischaumrohr kann man auch als Schaumrohr 4/ 15-50 bezeichnen. Hätten sie gedacht, dass man über Schaum soviel erzählen kann, ich hoffe, jetzt ist einiges klar und beim nächsten wohlverdienten Schaumbad bei ihnen zuhause können sie ihrem Mitbewohner oder ihrer Mitbewohnerin einiges davon erzählen.

Die zweite Prüfungsaufgabe bestand aus dem Einsatz: „Schiebleiter, erstes Rohr vor!", eigentlich haben wir damit gerechnet, denn es ist einer der meist verwendeten Einsätze in der Praxis und somit wird er auch gerne in Prüfungen mit einbezogen. Auch diesmal lief wieder alles perfekt ab, keiner hat etwas vergessen, die Gruppenarbeit verlief zufrieden stellend. Nach den Standardeinsätzen wurden wir noch jeder über Geräte, die sich am Löschfahrzeug befinden, abgeprüft, ich bekam die Geräte Schlagbohrmaschine und fahrbarer Wagenheber. Ich hatte bisweilen einen guten Tag, erzählte gut und verständlich, tätigte einige praktische Übungen mit den eben erwähnten Geräten und konnte somit die Kommission zu Frieden stellen. Auch meine Kollegen machten ihre Arbeit gut und wir kamen schnell voran, als der Letzte von uns sein Gerät erklärte, waren die praktischen Übungen erledigt, wir durften alles zusammenräumen und danach das Mittagessen einnehmen, danach würde es nach einer kleinen Pause in den theoretischen Teil gehen.

So war es auch, wir halfen wie immer alle beim Zusammenräumen zusammen, gingen uns die Hände waschen und nahmen das Mittagessen gewohnt an unserem Tisch ein. Es gab eine Fritattensuppe und überbackenes Gemüse, eigentlich ideal für uns, da das Essen sich nicht so im Magen schwer platzierte und einem dadurch die Augen nicht so schwer wurden. Einen Kaffee konnten wir uns auch noch leisten, dann begaben wir uns aber vorsichtshalber schon mal in unser Schulzimmer und warteten wieder mal auf das Eintreffen der Kommission. Wie aber schon heute früh, ließen die Herren nicht lange auf sich warten und wenige Minuten später wurde der Erste von uns fünf auch schon aufgerufen. Das System bei der theoretischen Prüfung wurde nicht geändert, also wie bei der ersten Prüfung, war auch eine schriftliche Vorbereitungszeit beinhaltet. Ich war wie immer, da es ja nach dem Alphabet ging, der Dritte, durfte mich beim zweiten Prüfling vorbereiten und als er verabschiedet wurde, kam ich an die Reihe. Nahm meine beschrifteten Zettel mit an den Prüfungstisch, der genauso wie vor etwa 5 Wochen an derselben Stelle stand, und begann über das Thema Brandsicherheitswachdienst zu referieren. Ich zeigte Unsicherheit bei einigen Vorschriften, der Offizier merkte es sichtlich und stellte mir viele Zusatzfragen, ich fing an zu schwitzen und wurde immer unsicherer, welches mich sehr ärgerte. Ich hatte schon im Gefühl, dass ich einen Punkt verlieren werde, hoffte mit meinen Blickkontakten Hilfe von meinen Lehrern, die sich ja neben dem Offizier sitzend befanden zu bekommen, aber so wirklich funktionierte das auch nicht, oder ich verstand ihre Deutungen nicht. Auf jeden Fall entließ er mich nach etwa 30 Minuten, machte sich einige Notizen und ersuchte mich den Nächsten hereinzubitten. Jetzt wusste ich ziemlich sicher, dass ich beim zweiten theoretischen Prüfungsteil nochmals genauestens von ihm geprüft werde und als einer meiner Lehrer einem persönlichen Bedürfnis nachging, bestätigte er mir meine Befürchtung. Er meinte ich habe ein großes Minus bekommen und bei der kleinsten Unsicherheit beim nächsten Thema bedeutet es zumindest einen Punktverlust. Der Grund warum er mir nur ein Minus gab, erklärte mir mein Ausbildner, war der, dass ich selbst noch nie in einem Theater Dienst versah und so nur reines theoretisches Wissen besitze, und daher im Falle eines Brandes über den genauen Ablauf nicht so gut Bescheid weiß. Ich selbst hatte jetzt eine sehr große Unsicherheit in mir und war sehr aufgeregt, hoffte auf ein wirklich gutes Thema im zweiten Teil. Bevor ich noch von meinem zweiten Auftritt berichte, vielleicht noch ein paar Worte zum Brandsicherheitswachdienst.

Der Brandsicherheitswachdienst, oder einfacher gesagt Theaterdienst, hat bei der Gemeinde Wien sicherlich nach dem Ringtheaterbrand am 8. Dezember 1881 an Priorität gewonnen. Damals waren aufgrund schwerer Sicherheitsmängel im Bauwesen und im vorbeugenden Brandschutz Menschen verbrannt oder erstickt. Heutzutage hat Wien sicherlich einer der strengsten Auflagen bezüglich Bauordnung und vorbeugenden Brandschutz in Europas Städten. Ich möchte nicht sehr ins Detail gehen, da die Auflagen wirklich sehr umfangreich sind, aber einige grundlegende und mir wichtig erscheinende Fakten möchte ich doch kurz erläutern. Im Großen und Ganzen kann man zwischen Volltheater, wie zum Beispiel das Theater an der Wien und Saaltheater, wie zum Beispiel der Musikverein, unterscheiden. Das Volltheater, welches die großen Theater in Wien beinhaltet, besteht eigentlich aus zwei unabhängig voneinander angereihten Häusern, nämlich dem Bühnenhaus und dem Zuschauerhaus. Das Bühnenhaus, welches natürlich die Bühne beinhaltet, aber auch die Umziehkabinen, die Requisiten, die technischen Räume, der Schnürboden und in den meisten Fällen eine Portierloge. Das Zuschauerhaus beinhaltet natürlich hauptsächlich den Bereich für die Sitzplätze, welche sich in Parkett, Ränge und Logen aufteilen, aber auch die Kassen, Kleidergarderoben und ein oder mehrere Bars bzw. Cafés befinden sich darin. Die beiden Häuser sind nur durch zwei Türen, welche aber nur vom Bühnenhaus in das Zuschauerhaus ohne Schlüssel begehbar sind, verbunden, die aber auch weiters selbst schließend, Brand hemmend und als Schleusen ausgeführt sein müssen. Die beiden Türen befinden sich in der Brandmauer, die die beiden Häuser voneinander trennt, welche vom Fundament bis über das Dach geführt ist. Natürlich fehlt uns noch eine Öffnung, den sonst würden wir uns beim Zusehen der Theateraufführung schwer tun, jene Öffnung die die Bühne frei gibt, sie wird Kurtine genannt. Sie besteht selbstverständlich aus einem brandhemmenden Material, und muss elektrisch schließbar sein, damit im Brandfall das Feuer, je nach dem, wo es ausbricht, auf ein Haus reduziert werden kann. Die Stromversorgung ist ebenfalls doppelt abgesichert. Würde im Brandfall oder aus einem anderen Grund die öffentliche Beleuchtung ausfallen, so wird automatisch ein Generator oder Batterien gestartet, welche zumindest eine Stunde beide Häuser so ausleuchten, dass das Verlassen der Zuschauer und Bühnenakteure gewährleistet ist. Unsere Aufgabe besteht darin, dass wir eine Stunde vor Beginn des Theaters einen Rundgang durch das gesamte Theater machen, bei dem der Feuerwehrkommandant, ein Beamter der technischen Aufsicht, ein Polizeijurist und ein Verantwortlicher des Theaters daran teilnehmen. Hier werden die Hydranten stichweise überprüft, die Beleuchtungen getestet, die Brandmeldeanlage und die interne Hausanlage ausprobiert, die Umkleidekabinen auf diverse gefährliche Lagerungen kontrolliert, sowie auf lose Teppiche und das nicht Versperren der Notausgänge. Wird von allen anwesenden Beamten das Einverständnis gegeben, kann der Einlass der Besucher gewährleistet werden. Während der Vorstellung haben die Beamten der Feuerwehr, deren Anzahl sich von der Größe des Theaters unterscheidet, sich im Bereich des Bühnenhauses an die ihnen zugewiesenen Plätze aufzuhalten und bei Brandgefahr die primäre Brandbekämpfung einzuleiten. Je nach Größe der Gefahr wird dann auch die Berufsfeuerwehr alarmiert und die Evakuierung eingeleitet. Der Dienst findet an den dienstfreien Tagen statt, ist nicht unbedingt eine Verpflichtung, und die Einteilung der Theater kommt immer drei Tage vor der Aufführung per Fernschreiben an alle Wachen.

Da sich hier seit dem letzten Jahr, also seit 2017, sich eine Änderung ergeben hat, möchte ich dies kurz erläutern. Wie in den oben genannten Textpassagen erwähnt, hat bis zum Sommer 2017 ein Beamter des Magistrates, welcher auch Permanenzdienst bestreitet, ein Jurist und eben wir in der vom Theater abhängig notwendigen Zahl Dienst versehen. Die Beamten des Magistrates, welche im Jargon auch als Bauräte bezeichnet wurden, mussten in einem technischen Teil des Magistrates tätig sein, also zum Beispiel der MA 36 (Baupolizei). Permanenzdienst nennt man ableitend von permanent, also ständig, anwesend oder erreichbar. Diese Beamten vollrichten dann an jenen Tagen nicht Dienst in ihrem Magistrat, sondern im Rathaus und sind für uns quasi die stellvertretende Behörde für alle Abteilungen an diesem Tage. Da wir selbst keine Behörde sind, muss bei gewissen Einsätzen eben solch ein Beamter angefordert werden, wobei er dann mit einem Feuerwehr - PKW an die Einsatzstelle gebracht wird. Vielleicht durch ein kurzes Beispiel erläutert. Bei losen Verputz, wird noch im folgenden Text genauer erklärt, muss ein Gehsteig und im Zuge dessen, ein darauf befindlicher Schanigarten gesperrt werden, da wir mittels Drehleiter den losen Verputz abklopfen müssen. Damit können wir uns als Behörde kurzfristig in Dienst stellen und dies ohne dem Permanenzingeneur durchführen. Muss allerdings der Garten des Restaurants, oder was auch immer, längerfristig gesperrt werden, da zum Beispiel das Haus so bruchfällig ist, das sich ein Abklopfen nicht mehr lohnt und nur eine Sperre zielsicher scheint, muss eben jener beamte angefordert werden. Erwähnend wäre noch, an Werktagen kann auch gleich der zuständige Beamte des Magistrates, also in diesem Fall die MA 36, Baupolizei, angefordert werden. Ausserhalb der Arbeitszeiten und an Wochenendtagen gibt es natürlich diese Alternativen nicht, bleibt aber dem Kommandanten überlassen.

Nun bin ich zwar ein wenig vom Inhalt abgekommen, erschien mir aber wichtig. Nun, und genau diese Beamten, welche im Theater für den gesamten technischen Teil verantwortlich waren, versehen nur mehr stichprobenartige Dienste. Allerdings führen die Beamten der MA 37V, also jene, die für alle Veranstaltungen in Wien zuständig sind, bei den Abnahmen oder ersten Vorstellungen, Kontrollen durch. Auch die Juristen der Polizei versehen nur mehr im Schnitt etwa fünf Mal pro Monat Dienst pro Theater. Der Hauptgrund dieser Veränderung ist auf Einsparungsmassnahmen zurückzuführen. Die technischen Kontrollen, an jenen Tagen, wo die Bauräte nicht anwesend sind, werden von den Technikern des eigenen Theaters durchgeführt, sie nehmen nun auch an den Rundgängen teil. Für die Feuerwehr selbst hat sich eigentlich keine Änderung dadurch ergeben.

Ja, so hätte ich es erzählen sollen, dann hätte ich vielleicht nicht solche Probleme bei der theoretische Prüfung gehabt, allerdings muss ich einerseits zugeben, dass ich mir jetzt um vieles leichter tue, da ich sicherlich schon an die hundert Mal Theaterdienst absolvierte und wir bei der Prüfung doch einiges mehr ins Detail gehen mussten. Als ich das zweite Mal aufgerufen wurde, war ich einerseits erleichtert, da es schreckliche 90 Minuten waren, die ich draußen vor dem Prüfungszimmer verbrachte, andererseits froh, denn ich wusste, jetzt war alles bald vorbei, doch dafür fehlte noch meine zweite Frage, welche ich mit großer Ungeduld erwartete. Ich ging also die paar Meter zum Prüfungstisch mit unsicheren Schritten, mir kam vor, als beobachteten mich die Prüfer eingehendst, sah die umgedrehten Zettel, entschied mich für den ganz rechts außen liegenden, drehte ihn um und las. Der Prüfer notierte meine Aussage mit einem leichten Lächeln auf den Lippen, warum weiß ich eigentlich nicht, vielleicht da die Frage doch einigermaßen einfach war, andererseits ist alles leicht, was man weiß. Für mich konnte es egal sein, ich kehrte ihnen den Rücken und suchte meinen allein stehenden Tisch auf um mich auf die Frage „Sonderfahrzeuge" vorzubereiten. Während ich mir eiligst Notizen machte, referierte der im Alphabet vor mir stehende Kollege über das Verhalten unter Atemschutz, eine sehr unangenehme Frage, welche allen

Offizieren eine der Wichtigsten erscheint, er musste es auch mit zwei verlorenen Punkten einbüßen. Da er natürlich aufgrund des Themas sehr lange an der Reihe war, konnte ich fast die Hälfte seiner Redezeit ungehindert zuhören, da ich mit meinen Vorbereitungen fertig war. Mir erschien es unendlich, aber nach etwa 40 Minuten war es dann soweit, dass der Offizier das Prüfungsgespräch beendete und mich auf den Henkersstuhl bat. Als mein Kollege das Zimmer verließ und ich aufstand, trafen uns unsere Blicke, er war leer und als ihn meine Blicke trafen, senkte er sofort den Kopf, die Enttäuschung war ihm ins Gesicht geschrieben. Mir ging sofort der Gedanke durch den Kopf, ob ich wohl nach meinem ersten Prüfungsthema ebenfalls so drein sah. Ich nahm also Platz, wartete bis der eben eintretende Kollege seine Frage gezogen hatte und Platz genommen hatte und begann mit meinem Referat.

Ich erzählte Ihnen, dass die Sonderfahrzeuge Einsatzfahrzeuge der zweiten Welle sind, soll bedeuten, dass sie nicht automatisch mit alarmiert werden, sondern von denen an der Einsatzstelle befindlichen Einsatzleiter angefordert werden. Die Sonderfahrzeuge sind in den meisten Fällen auf der Basis von Wechselladesystemen aufgebaut, welches bedeutet, dass eine Zugmaschine viele verschiedene Wechsellader mittels Hydrauliksystem aufladen und an die Einsatzstelle befördern kann. Jene Wechsellader, die für dringende Einsätze benötigt werden, wie zum Beispiel der Wechsellader Schwerwerkzeug sind bereits auf der Zugmaschine aufgeladen, damit sie bei Anforderung nicht noch Zeit beim Aufladen verlieren. Der WSW, wie er in der Kurzbezeichnung genannt wird, wird bei Unfällen mit LKW, mit U-Bahn oder Maschinen der Verkehrsbetriebe nachalarmiert. Andere Wechsellader, welche nicht so dringend benötigt werden, stehen in Garagen daneben und müssen bei Bedarf eben erst aufgeladen werden, solch ein Wechsellader ist zum Beispiel der Wechsellader Notstromaggregat, welcher zum Beispiel bei Stromausfällen der Stadt Wien in Krankenhäusern oder wichtigen Stadterhaltenden Betrieben aufgestellt werden kann. Eben als ich davon erzählen wollte, dass es neben den Wechselladern noch anders aufgebaute Sonderfahrzeuge gibt, unterbrach mich der Offizier mit den Worten:" Danke, das genügt mir vorerst, erzählen sie mir bitte noch, für welche Einsätze der Wechsellader Umweltschutz verwendet werden kann?". Natürlich kommt man ein wenig aus dem Konzept, wird man in seinem Wortschwall unterbrochen, ich habe mich aber ziemlich schnell gefangen, sammelte meine Gedanken und erzählte der Kommission, dass man diesen Wechsellader für alle Umweltschäden verwenden kann. Einerseits kann man Flüssigkeiten abpumpen, auch solche die aggressiv und explosionsgefährlich sind, man kann funken frei bohren, stemmen und schleifen, es gibt sämtliche Anschlüsse und Sicherheitsmaßnahmen, die bei lecken Tankwägen notwendig sind und man hat die Möglichkeiten getränktes Erdreich abzugraben und in dafür vorgesehenen Behältern zu entsorgen. Meine Ausbildner nickten mir verständnisvoll zu, ich habe es als positives Zeichen gesehen, welches mir Sekunden später bestätigt wurde, der Offizier unterbrach mich das zweite Mal und bat mich den nächsten Kollegen hereinzuholen. Ich nickte dankend, nahm meine geschriebenen Zetteln vom Tisch, schenkte meine einstweilen vorbereitenden Kollegen ein aufbauendes Lächeln und verließ das Prüfungszimmer. Ich wusste, jetzt war die Grundausbildung zu Ende und ich habe es trotz kleiner Verluste gut überstanden, wie groß mein Verlust an Punkten war, konnte ich nur erahnen, aber in etwa zwei Stunden würde ich Bescheid wissen. Obwohl meine Kollegen mich mit Fragen bombardierten, winkte ich zunächst ab, und begab mich auf die Toilette, ich musste einfach fünf Minuten mit mir alleine sein, beruhigte mich dort, nahm einen Schluck Wasser und gab dann meinen wartenden Kollegen die benötigte Auskunft. Die letzten beiden Prüflinge waren etwa solange wie ich im Prüfungszimmer, danach gab es wieder eine Beratung der Ausbildner, dem Gewerkschafter und dem Offizier, wir vertrieben uns einstweilen die Zeit, in dem wir unsere Ausrüstung zusammen packten. Für solche Wache wechsel gibt es Bekleidungskisten aus Holz, heutzutage sind sie aus Aluminium, wo man seine gesamten Utensilien verstauen kann. Vom Nachrichtenbeamten werden sie telefonisch und heutzutage online angesagt, und am nächsten Tag werden sie vom Zustellfahrzeug, sie wissen das betriebsinterne Postfahrzeug, auf die jeweiligen Wachen gebracht. Das Timing war gut, eben als wir mit unsern vollbepackten Kisten beim Nachrichtenbeamten angelangt sind, wurden wir schon ins Schulzimmer beordert. Innerlich spürte ich eine leichte Nervosität, und hoffte dass ich nicht allzu viele Punkte verlier. Wir wurden gebeten im Schulzimmer sich nebeneinander aufzustellen, und der Offizier sprach zuerst einige Worte zu uns. Es war sehr allgemein und ich hatte den Anschein, dass er diese Wortlaute bei jeder Prüfung anbrachte, irgendwie konnte ich mich auch nicht konzentrieren, die Worte erreichten mich einfach nicht. Nach seiner kurzen Ansprache reichte er jedem Prüfling die Hand und gratulierte ihm für den positiven Bestand der Grundausbildung. Anschließend meinte er noch, dass nicht alle rein geblieben sind, sich die einzelnen Personen aber nicht allzu ärgern sollen, sondern es eher als Ansporn für die nächsten Prüfungen sehen sollen, jedoch einzelne Namen nannte er nicht. Danach bedankte er sich bei den Ausbildnern für die getane Arbeit und verließ das Schulzimmer, was mich ein wenig irritierte, da wir immer noch nicht unser Ergebnis wussten. Kaum hat er den Raum verlassen, sprach der Ausbildungsleiter ebenfalls einige Worte zu uns, wünschte uns für unsere weitere Laufbahn alles Gute und ging zu jedem Einzelnen und sagte ihm sein Ergebnis. Ich war der Dritte, er gab mir die Hand und meinte ich habe einen Punkt verloren, soll aber den Kopf nicht hängen lassen. Ich war sicherlich enttäuscht, auch wenn ich es geahnt habe, dass ich einen Punkt verlieren werde, andererseits könnten es ja auch mehr Punkte sein, die ich verlieren hätte können. Ein weiterer Kollege hat ebenfalls einen Punkt verloren, den Kollegen mit den zwei Punkten habe ich ja schon im Vorhinein erwähnt. Zum Abschluss gratulierten uns auch noch die anderen Ausbildner, einer meinte, dass wir alle Punkte im theoretischen Teil verloren haben und das sei seiner Meinung nicht so schlimm, da die Feuerwehr hauptsächlich aus praktischer Arbeit besteht, andererseits Punkt bleibt Punkt und drei Kollegen sind jetzt vor uns in der Rangliste. Es war so gegen 15 Uhr als wir entlassen wurden, wir machten noch eine Wacherunde und verabschiedeten uns von sämtlichen Kollegen, dann gingen wir uns duschen und gaben unsere restliche Uniform in die Bekleidungskisten. Das war sie unsere Grundausbildung, eigentlich ist sie sehr schnell vergangen und ich hatte fünf Freunde gefunden, wir versprachen uns auch, dass wir uns öfters treffen werden und telefonieren werden. Es kann es vorwegnehmen, aufgrund dessen, dass drei Kollegen in die Dienstgruppe B gekommen sind, ein Kollege nach etwa zwei Jahren gekündigt hat und die restlichen Beiden im Fahrdienst sind, habe ich heute keinen regelmäßigen Kontakt mehr mit ihnen. Aber die ersten Jahre haben wir unser Versprechen eingehalten und trafen uns doch regelmäßiger, aber eben mit der Zeit immer weniger, bis es sich halt irgendwann ganz aufhörte. Zu unserem Abschluss gingen wir alle sechs in der Näher der Wache noch auf ein Getränk, ließen uns gegenseitig hochleben und resümierten unsere Grundausbildung. Gegen 18 Uhr war ich dann zuhause, teilte den schmerzlichen Punkteverlust meinen Vater mit, der aber auch meinte, dass noch so viele Prüfungen folgen und da kann noch einiges passieren, Hauptsache ist, ich bin jetzt im Wechseldienst. Einen Tag hatte ich noch frei, aber dann würde es ernst werden, mein erster Dienst in Hernals steht auf dem Programm, und eine gewisse Nervosität war schon wieder da. Wie werde ich aufgenommen, wie wird der erste Einsatz verlaufen, hoffentlich verschlafe ich nicht die Einsätze in der Nacht, ich machte mir eben so meine Gedanken, denke aber, dass sich die jeder stellt und eine gewisse Nervosität darf angebracht sein.

Ab übermorgen ist dann ein Dienst wie der Andere, somit werde ich natürlich nicht jeden Tag erzählen, sondern den ersten Tag ein wenig genauer und anschließend den Werdegang mit den abgeschlossenen Kursen. Ein Schwergewicht werde ich den Einsätzen geben, ich werde somit zumindest jede einzelne Einsatzart an Hand eines von mir erlebten Beispieles erzählen, weiteres habe ich bis dato einige Einsätze erlebt, die mir sehr nahe gegangen sind, auch die werde ich im einzelnen erzählen. Ich hoffe das ich bis dahin nicht zu sehr in spezielle Themen gegangen bin und somit es langweilig oder zu kompliziert wurde, aber wie schon einmal erwähnt, waren mir einzelne Themen wichtig, und somit bin ich näher darauf eingegangen.

Das war also die Grundausbildung zu meiner Zeit, als ich bei der Wiener Berufsfeuerwehr anfing. Heute? Alles anders und vermutlich nach den Meinungen der Obrigkeit alles besser. Kein Tag vergeht, wo sie sich gegenseitig gratulierend auf die Schulter klopfen. Sarkastisch? Ich würde eher enttäuschend sagen. Die Frage lautet, warum mussten wir alles ändern, weswegen war die Feuerwehrschule so ein großes Anliegen? Weil sie alle anderen auch haben. Politisch? Unbedingt notwendig, da wir ja einer der ältesten Feuerwehren sind? Da das bisherige so schlecht war und die heutigen Chargen, die ja die alte Ausbildung genossen, so ungeschult sind und den heutigen Anforderungen nicht mehr gewachsen sind? Ist das wirklich so? Ich kann natürlich nur meine eigene Meinung dazu interpretieren, aber ich sage ganz eindeutlich, nein!

Unsere Grundausbildung war teilweise wirklich ein wenig veraltet. Die Praxis war zu wenig ausgeprägt, die Theorie teilweise nicht schwerpunktmäßig. Aber das wurde ja schon wenige Jahre nach meiner Aufnahme verbessert. Es kam die neue Grundausbildung, welche ja 100 Tage andauerte und auf drei Schwerpunkte, also Branddienst, technischer Dienst und Schadstoff, aufgeteilt wurde. Die genaue Erklärung erfolgt noch in meinem Buch, da ich ja auch als Ausbildner tätig war. Aber eines muss ich da jetzt erläutern beziehungsweise den Unterschied zur jetzigen Ausbildung darlegen. Die Auszubildenden wurden in jeder Minute von erfahrenen Feuerwehrmännern geschult, unterrichtet und informiert. Sehr oft wurden Themen oder Probleme mit praxisnahen Beispielen verglichen und erläutert. Heutzutage ist das nicht mehr möglich, da den Großteil der Ausbildung Personen tätigen, welche bei der Wiener Berufsfeuerwehr und deren Einsatzdienst keine Praxis haben. Bitte nicht falsch verstehen, es sind gute Leute. Ich hatte sie selbst in der Ausbildung. Sie waren wissbegierig, zu jeder Sekunde interessiert und sehr aufnahmefähig. Sie konnten auch Praxis durch die freiwillige Feuerwehr bieten, aber das sind und werden immer zwei verschieden paar Schuhe bleiben, die Berufsfeuerwehr und die Freiwillige. Natürlich werden auch sehr viele Übungen mit Ausbildnern der Feuerwehr absolviert, zumeist praktische Übungen, der Großteil obliegt allerdings den 8 - Stunden Bediensteten des Ausbildungszentrums.

Diese Kollegen durchliefen also die selbe Grundausbildung, welche auch jene zur Aufnahme der Berufsfeuerwehr praktizieren mussten. Danach wurden sie noch von den verantwortlichen Offizieren des Ausbildungszentrums einer besonderen Schulung unterzogen.

Ich will aber keinesfalls alles schlecht reden und wer weiß, vielleicht werden sie wirklich mal besser und geschulter sein als wir sein, wissen werden wir es aber erst in einigen Jahren. Gut heißen muss man jedenfalls die Möglichkeiten, welche heute den Auszubildenden zur Verfügung stehen, da wurde sich einiges überlegt und auch gute umgesetzt, keine Frage, Verbesserungen gibt es immer.

Viele heißen auch diese Abschirmung vom Einsatzdienst gut, die Möglichkeit endlich in Ruhe arbeiten zu können. Kein Alarm, keine Durchsagen während der Theorie, keine Ausfahrten der Ausbildner während des Unterrichtes. Wie oft kam es vor, dass die Zöglinge alleine ins Schulzimmer gehen mussten, da mal wieder ein enorm aufwendiger Einsatzdienst zu verzeichnen war und wir unsere Ausbildungstätigkeit unterbrechen mussten. Aber wie haben es unsere Schüler geliebt, wenn wir zurückkamen von den Einsätzen, dass wir ihnen von den Erlebnissen und Erfahrungen berichtet haben. Ein Ding der Unmöglichkeit heutzutage und die meisten heißen es auch noch gut. Ansichtssache, würde ich meinen. Auch das Leben auf der Wache wurde Ihnen bereits während der Grundausbildung vermittelt. Antreten mit der Mannschaft, Essen beim Küchenmeister anmelden, im Ausgleichsraum mit erfahrenen Kollegen plaudern, austauschen von Wissenswertem, Zustellfahrzeug ausräumen und auch gleich die Wache kennen lernen, Mithelfen in der Küche, wenn mal Not am Mann wurde, ...

Für viele Offiziere Dinge, welche absolut zweitrangig sind. Ich muss da klar und deutlich widersprechen, und behaupte sogar, im Gegenteil, oft wichtiger, als sich im Einsatzdienst zu behaupten. Heutzutage sind das bei der heutigen Jugend keine Selbstverständlichkeiten mehr, das man mitarbeitet, außer es wird einem aufgetragen. Die Arbeit von selbst sehen viele nicht und da wurde in der Grundausbildung „alt" einiges vermittelt, auch wenn der Ton und der Zeitpunkt oft nicht stimmte.

Vermutlich könnte ich noch seitenweise die Pro und Contras aufzählen, aber voraussichtlich fühlen sich dann sehr viele auf den Schlips getreten, wenn das nicht eh schon jetzt passiert ist. Wie gesagt, eventuell liege ich auch komplett falsch in meinen Behauptungen, aber wirklich weiß man es erst in einigen Jahren, wie bereits erwähnt.

Vielleicht noch ein paar Worte zum Ablauf der Feuerwehrschule oder wie es oft genannt wird, des Ausbildungszentrums.

Seit 28. September 2015 erfolgt also die Grundausbildung, aber natürlich auch die Fortbildungskurse, im Ausbildungszentrum Floridsdorf, kurz FAZ genannt. Vielleicht vorerst ein paar Fakten.

Im Vollbetrieb wird das Ausbildungszentrum etwa 100 Auszubildende pro Tag betreuen und im Jahr 60 Plätze in der Grundausbildung, 150 Plätze in weiterführenden Kursen und 1.600 Plätze in der Brandhaus- und Körperschutzfortbildung anbieten können. Hierfür stehen sieben Seminarräume mit einer Größe von 40 bis 80 Quadratmetern, ausgerüstet mit interessanten Schaustücken, und ein großer Vortragssaal für 150 Personen zur Verfügung.

Modernste Präsentationstechnik sowie Anschauungs- und Übungsmodelle helfen bei der besseren Wissensvermittlung. Auch die praktische Umsetzung des Erlernten kann in der etwa 2.200 Quadratmeter großen Übungshalle trainiert werden. Dort stehen eine Hoch- und Tiefbau-Übungsanlage und Übungsboxen für die Bereiche Verkehrstechnik, Gefahrgut und Haustechnik bereit.

In einem eigenen Abschnitt bestehen neue Möglichkeiten, die Technik zum Öffnen von Fenstern und Türen zu verfeinern. Für die Höhenretterausbildung ist ein Kranausleger vorhanden, um auch Personenrettungen von selbstgefährdeten Personen trainieren zu können.

Dazu kommt eine neu errichtete Flüssiggasübungsanlage zur Ausbildung und zum Training der Strahlrohrführer. In dieser Anlage können besondere Brandereignisse, wie etwa eine Rauchgasdurchzündung, nachgestellt werden, indem eine genau dosierte Flüssiggasmenge eingespritzt wird.

Die Bereiche des bestehenden, mit Erdgas befeuerten, Brandhauses, welches über Übungsanlagen für Keller-, Zimmer-, Schlafzimmer- und Küchenbrände verfügt, sowie die Abbrandhalle mit Flash-Over-Container und Industrieflamme wurden auch in das neue Feuerwehrausbildungszentrum integriert.

Zudem können auf dem nahegelegenen 5.600 Quadratmeter großen Übungsgelände Leopoldau auch speziellen Einsatzszenarien, wie etwa Unfälle von Schienenfahrzeugen (U-Bahn und Straßenbahn) mit den originalen Fahrzeugen beziehungsweise am nachgebautem U-Bahn-Bahnsteig geübt und die erforderlichen Handgriffe vor Ort erklärt werden. Weiters stehen am Übungsgelände auch ein eigens errichtetes Trümmerhaus und ein künstliches Bachbett zur Verfügung um besonders realistische Übungsszenarien darstellen zu können.

Klingt doch alles vielversprechend, oder? Nun, um nochmals kurz zur Grundausbildung zurück zu kommen. Wie oben erwähnt, werden in etwa 60 Personen pro Jahr neu aufgenommen und im FAZ ausgebildet. Wobei die ersten 30 meist ab Jänner oder Februar aufgenommen werden, damit man bis zu den Sommermonaten mit der Grundausbildung fertig ist und sie in den 24h Dienst über reiht werden können. Nach dem Sommer, meist gegen September werden dann die restlichen 30 aufgenommen. Die jeweils 30 Aufgenommenen werden in zwei Gruppen zu je 15 gesplittet und zeitgleich ausgebildet. Wie bereits erwähnt, werden sie hauptsächlich von jenen Kollegen betreut, welche im 8 Stunden Dienst arbeiten. Die Arbeitszeit verläuft in einem normalen 8 Stunden Tag, also in etwa von 8h - 16h30, Wochenende frei. Prüfungen werden wie davor, von einer Kommission, welche aus Offizier, Kollegen des Einsatzdienstes, dem 8 Stunden Betreuer und der Gewerkschaft bestehen, abgenommen. Auch das Punktesystem gilt nach wie vor, also pro absolviertem Monat 10 Punkte und die jeweiligen Punkte bei den Prüfungen.

Neu ist noch seit 2018, das alle neu aufgenommenen Kollegen nicht mehr als Beamte geführt werden, sondern dem ASVG unterliegen. Da dies jedoch absolut noch nicht realisierbar ist, welche Vor- oder Nachteile sich ergeben könnten, kann ich dazu nichts erläutern, Klar ist in der Tat, dass diese Kollegen nun auch eine Abfertigung bekommen, wie allerdings die Pension oder zum Beispiel das Kündigungsrecht aussieht, dürfte in den Sternen stehen.

Mein erster Dienst in Hernals, sowie die ersten Einsätze

05Uhr30 läutete der Wecker, ich war sofort hellwach, wusch mein Gesicht, zog mich an und war gegen 05h45 bereits beim Auto. Um diese Zeit war fast kein Verkehr am Gürtel, somit war ich ziemlich genau um 06Uhr auf der Feuerwache Hernals. Ich parkte mein Auto Nahe dem Steigerturm, ließ meine Autoschlüssel stecken, denn das wusste ich bereits, dass das vom Fahrdienst gewünscht ist, falls die Privatautos Aktivitäten mit den Einsatzfahrzeugen behindern. Gleich 50 Meter von meinem Auto links im Hof war der Haupteingang zum Gebäude, wo sich die Aufenthaltsräume und die Zimmer befanden, nahm meine persönlichen Sachen vom Auto und begab mich ins Gebäude. Ein Kollege der Dienstgruppe B dürfte es sehr eilig gehabt haben, denn erfragte mich sofort, ob ich ihn ablösen könne. Ich kannte diese ganze Zeremonie nur vom Hörensagen und Erzählungen, jetzt war eigentlich alles genauso abgelaufen. Er sagte mir, dass er 2.BLF fuhr und morgen kommen würde um mich wieder abzulösen, und wo ich liegen würde. Ich antwortete ihm, dass ich heute den ersten Tag im 24 Stunden Dienst sei und noch kein Zimmer hätte, gleichzeitig nahm ich die Gelegenheit war und fragte ihn einerseits wo das 2.BLF in der Fahrzeughalle sich befand und andererseits wo ich mich umziehen könne. Obwohl er es sichtlich eilig hatte, nahm er sich die paar Minuten und beantwortete meine Fragen zu meiner Zufriedenheit, wünschte mir noch alles Gute für heute und verschwand durch die Glastüre in den Hof. Meine Bekleidungskiste brauchte ich nicht lange zu suchen, sie befand sich gleich neben der Eingangstüre, ich nahm mir das notwendigste heraus, begab mich in den zweiten Stock, wo ich mich auf Rat des Kollegen am besten umziehen konnte. Er hatte Recht, es war ein großer Raum, mit einigen Haken und einer Bank, also wirklich ausreichend um seine privaten Kleidungsstücke einstweilen zu verstauen. Danach nutze ich gleich die Gelegenheit, rasierte mich und putze mir die Zähne. Während dieser ersten 2o Minuten habe ich bereits so an die 15 Kollegen kennen gelernt, welche ich natürlich höflichst mit einem guten Morgen begrüßte, einige fragten mich noch, ob ich schon abgelöst hätte, welches ich natürlich mit ja beantwortete. Danach wusste ich, müsste mein nächster Schritt das Auffinden des Zugskommandanten sein, damit ich mich erstmals melde und vorstelle. Ein Kollege erklärte mir freundlicherweise, dass sich das Büro im ersten Stock gleich nach der Glastüre rechts befindet. Bisweilen lief alles sehr gut und ich legte auch meine erste große Nervosität kontinuierlich mit dem Verweilen auf der Wache ab. Das Büro des Zugskommandanten stand offen, trotzdem klopfte ich an und sah drei Personen um einen großen Schreibtisch sitzen, welche den Dienst vorbereiteten. Der grauhaarige Mann ganz im Eck schaute auf und erwiderte meinen Gruß. Ich stellte mich mit Dienstgrad und Namen vor, und ging zu den einzelnen Beamten und begrüßte sie mit Handschlag. Sie waren sehr nett, sagten mir ich solle erstmals auf einen Kaffee gehen, die Wacherunde mit den einzelnen Gegebenheiten und die Zimmereinteilung werden wir nach dem Antreten erledigen. Ich nickte nur, und verließ das Büro, ich war zu feige um zu fragen, wo das Kaffeehaus sich eigentlich befand, dachte ein jüngerer Kollege wird mir schon weiterhelfen. So war es auch, ich schaute mich ein wenig um, fand im selben Stock die Küche, wo mir einfiel, dass es auch gerne gesehen ist, wenn man sein Essen zeitgerecht ansagt, und tat das auch. Der Küchenmeister notierte meinen Namen in seine Liste und schrieb mir eine Ganze auf, das Heißt ein Mittagessen und ein Abendessen. Auf meine Frage wo das Kaffeehaus sei, antwortete er mir, dass ich in den zweiten Stock gehen sollte und nach den Stiegen geradeaus die erste Türe, sei der Ausgleichsraum. Vor diesem Augenblick hatte ich ein wenig Angst, denn ich wusste noch von Floridsdorf, da befinden sich sehr viele Feuerwehrmänner darin und so als Neuer ist man halt ein Blickpunkt, welches mich verunsicherte. Vor dem Raum hörte man schon wirres Geplauder und Radiostimmen, ich fasste Mut und betrat den Raum. Wobei ich nicht gleich Aufmerksamkeit auf mich zog, da die Türe sich im hinteren Teil des Raumes befindet, gleich rechts stehen drei Tische, wobei hier niemand saß, links war ein durchschaubarer Raumteiler, wo sich dahinter ein großer Tisch befand, welcher voll mit Kollegen besetzt war. Ich ging also um den Raumteiler und begrüßte jeden Einzelnen mit einem Handschlag und einem Guten Morgen. Heutzutage sage ich nur ein lautes Guten Morgen, lass aber das Handgeben aus, wobei man es ja im Laufe des Morgens noch einige Male erwidern muss. Am Ende des Raumes befindet sich die Schank, die sich über die gesamte Breite des Raumes ergibt, davor stehen Barhocker, welche ebenfalls besetzt waren. Auch diese Kollegen begrüßte ich alle so wie vorhin, und bestellte einen Kaffee bei dem Kollegen der hinter der Schank stand. Ich merkte, dass einige Personen über mich sprachen, zwei sogar Witze über meine doch kleine Körpergröße machten, ich merkte wie mir die Röte ins Gesicht fuhr. Ich blieb an der Schank stehen und versuchte Blicke oder Gespräche über mich zu ignorieren, bat einen Kollegen, ob er mir die Milch reichen könne und trank einen Schluck, der mir wirklich gut tat. Es war jetzt so gegen 07 Uhr, das heißt ich hatte noch 25 Minuten bis zum Antreten dachte ich mir gerade, als der Kollege neben mir vom Barhocker aufstand und sich verabschiedete, war also auch ein Kollege der Dienstgruppe B. Ich nahm sofort seinen Platz ein, und blätterte die vor mir liegende Broschüre durch, ich fühlte mich einfach nicht wohl und hoffte nur, dass man es mir nicht ansah. Der neben mir stehende Kollege fragte mich nach meinem Namen, stellte sich selbst vor und so entwickelte sich ein Gespräch bis zum Antreten, wo ich nicht nur Ablenkung fand, sondern auch einige interessante Aspekte erfuhr. Kurz vor 7 Uhr 25 merkte man, wie sich das Kaffeehaus langsam lichtete, nur mehr ein paar Kollegen der Dienstgruppe B saßen weiterhin bei Kaffee oder Tee und unterhielten sich, der Rest begab sich schön langsam zum Antrete - Platz. Natürlich ging auch ich gleich mit dem Kollegen, mit dem ich mich unterhielt, mit in das Erdgeschoß, wo eben um 7 Uhr 25 das Antreten stattfand. Wir Feuerwehrmänner, sechzehn an der Anzahl, stellten uns nebeneinander auf, die Chargen des Branddienstes und des Fahrdienstes standen willkürlich gegenüber von uns. Der Zugskommandant erschien mit einigen Zetteln in der Hand, begrüßte uns mit einem freundlichen Guten Morgen, las einige Fernschreiben vor und verlautete dann noch zuletzt, dass ein neuer Kollege unter uns weilt und bat einen älteren Kollegen, dass er mir nach der Fahrzeugübernahme, die Wache zeigen solle. Bei der Erwähnung meines Namens des Zugskommandanten trat ich einen Schritt hervor und nickte kurz, die Röte stieg mir unangenehm ins Gesicht. Zum Schluss zählte er noch, ob alle anwesend waren und wünschte uns einen angenehmen Dienst, mit den Worten:"Fahrzeugübernahme!", entließ er uns. Ich wusste bereits, dass ich 2. BLF fuhr, weiters erzählte mir der Kollege von heute früh, dass es ein eher ruhiges Fahren ist, sie nennen ihn liebevoll „Schlafwagen"! Ich fuhr an meinem ersten Dienst die Nummer 2, somit wusste ich, die rechte Seite des Fahrzeuges war zu übernehmen, ich machte es gewissenhaft, wollte mir keine Blöße geben. Der ältere Kollege, welcher mir die Wache zeigen sollte, wartete schon ungeduldig, denn ich dürfte der Letzte beim Fahrzeug übernehmen gewesen sein. Er machte seine Arbeit sehr gewissenhaft, und die Runde durch die Wache dauerte so an die 20 Minuten. Bei diesem Rundgang habe ich auch den Sektionsleiter der Sektion fünf kennen gelernt, welcher mich mit begrüßenden und aufbauenden Worten empfing. Er war ein sehr großgewachsener, schlanker Mann, mit bereits ergrautem, schütterem Haar. Nach dem Rundgang machte ich mir in der Küche eine Semmel mit Käse, strich mir gerade Butter auf, als eine rote Blitzleuchte, welcher über dem Abwasch hing, zu blinken begann. Ich wusste natürlich, das bedeutet Alarm, mein Adrenalin schoss mir in alle Teile meines Körpers, ich konnte es richtig fühlen, Sekunden später ertönten der Gong und die Durchsage. Die anderen Kollegen reagierten eigentlich wenig beeindruckt, nur ich erstarrte und horchte auf die Durchsage:" 3.BLF, 16, Hasnerstrasse 23, KFZ Entfernung!", die Ansage wiederholte sich ein zweites Mal. Ich weiß nicht mehr, ob ich enttäuscht oder beruhigt war, aber ich hoffte doch, dass ich heute noch ausfahren würde. Natürlich kannte ich ja diese Szenarien des Alarms bereits von der Grundausbildung, aber heute war es irgendwie anders. Ich machte mir meine Käsesemmel fertig, währenddessen dachte ich mir, dass es jetzt bei einem weitern Alarm höchstwahrscheinlich mich treffen würde, welches mich doch einiger maßen nervöser machte. Ich ging mit der Semmel vom ersten Stock, wo die Küche sich ja befand, in den zweiten Stock in den Ausgleichsraum und genehmigte mir noch einen Kaffee. Gleichzeitig nutze ich die Gelegenheit und erkundigte mich bei einem älteren Kollegen, wie denn das mit der Zimmereinteilung sei, und wo ich meine Sachen einräumen könne. Er vertröstete mich auf 8 Uhr, da ja hier wieder ein Antreten beim Zugskommandanten stattfinde. Es bleiben mir nur mehr an die drei Minuten, also den Kaffee konnte ich nicht wirklich genießen, mit dem Ertönen des Zeichen lief ich wieder zum Antreteplatz und wartete auf die Anderen. Es waren nun viel weniger Beamte anwesend, da einerseits eine Gruppe ausgefahren war, und andererseits die Kollegen, welche fixe Arbeiten auf der Wache haben, wie etwa Küche, Kaffeehaus, nicht mehr antreten kommen müssen. Ein älterer Feuerwehrmann gab mir einen Schlüssel, erklärte mir wo der Kasten stünde, weiters teilte er mir einen Gitterspind zu, in dem ich meine Einsatzuniform geben konnte. Dieser Spind befindet sich in der Nähe der Fahrzeughalle, ist aus Blech und hat einige Luftlöcher, damit die Einsatzuniform bei Nässe oder Brand sich ein wenig auslüften kann. Er meinte auch noch, dass ich mir den ganzen Vormittag in Ruhe Zeit lassen solle, damit ich mir meinen Kasten und Spind einräumen, sowie mein Bett machen könne. Ich wusste nicht genau wie ich meine Bekleidungskiste vom Erdgeschoss in den zweiten Stock schaffen sollte, und zu fragen war mir zu peinlich. Irgendwie dürfte es mir der Feuerwehrmann angesehen haben, er gab mir die Schlüssel, drehte sich um und bat einen jüngeren Kollegen mir den Spind zu zeigen und danach die Kiste mit mir in mein neues Zimmer zu tragen, damit kann er mir auch gleich den Standort des Zimmers zeigen. Ich war von der Hilfsbereitschaft der einzelnen Personen beeindruckt, es imponierte mir einfach, wie sie untereinander sich gegenseitig helfen, es war vorbildlich für mich. Nach der mühsamen Schlepperei der Kiste hatte ich genügend Zeit, setzte mich erstmals auf das ungezogene Bett und betrachtete mein neues zweites Zuhause. Das Zimmer war einfach eingerichtet, man könnte es fast spartanisch nennen, außer meinem Bett noch ein zweites und vier Kästen. Über den Betten waren Regale montiert, welche als Ablage dienen und vorauf jeweils eine Leselampe stand. Eine der vier Kästen stand offen, er war für mich reserviert. Bevor ich mit dem Einräumen begann, organisierte ich mir noch ein Wettex und wischte den Kasten aus. Ich hatte das dringende Bedürfnis auf die Toilette zu gehen, traute mich aber nicht, da ich wusste, dass das 3.BLF ausgefahren war und der nächste technische Einsatz mir gegolten hätte. Ich begann den Kasten einzuräumen, hielt es aber nicht mehr aus und beschloss, es einfach zu riskieren, suchte die Toilette auf und dachte mir, auf welche Kleinigkeiten man eigentlich aufpassen muss, wenn man im 24 Stunden Wechseldienst ist. Ich beeilte mich sicherlich mehr als sonst, und war froh, als ich fertig war, wusch meine Hände und räumte weiter ein. Vielleicht zehn Minuten später ging die kleine Lampe oberhalb der Türe an, ich wusste im Moment nicht genau, ob das 3.BLF bereits eingerückt war, und mein Adrenalin stieg wieder. Der Gong kam und dann die Durchsage: „2.BLF, 18. Bezirk, Schuhmeiergasse 24, Ausfließender Kraftstoff". Wie immer wiederholte er die Durchsage, ich hörte es aber nicht mehr, denn in dem Moment, wie er zweites sagte, stürmte ich schon los und begab mich zu meiner Gitterbox, wo meine Einsatzrüstung war. Hüpfte in meine Stiefel, zog meine Jacke darüber und nahm meinen Helm in die Hand, lief gleich zum Fahrzeug und setzte mich an meinen zugewiesenen Platz. Ich war eindeutig zu schnell, denn es brauchte doch einige Zeit, bis alle am Fahrzeug waren, die Dringlichkeit dürfte nicht überwältigend gewesen sein. Bei der Fahrt zur Einsatzstelle ging alles total locker von sich, die Kollegen plauderten untereinander, schauten beim Fenster hinaus oder saßen einfach da und starrten Löcher in die Luft. Meinen Nachbarn fragte ich, ob ich etwas mitnehmen solle an Werkzeug oder wie ich mich verhalten soll, er meinte aber nur: "Schau ma a mal!". Ich war hoch nervös, ausgeflossener Kraftstoff, was ist wenn der bereits in Brand geraten ist, ich reimte mir die ungläubigsten Sachen zusammen. Wie wir um die Ecke in die Gasse bogen, war ich fast ein wenig enttäuscht, denn ich sah nichts. Wir blieben endlich stehen und alle meine Kollegen, bis auf dem Maschinisten stiegen aus, ich folgte ihnen. Ein älterer Herr, er dürfte angezeigt haben, begrüßte den Gruppenkommandanten und zeigte ihm einen parkenden PKW, aus dem angeblich Treibstoff ausrinnen soll. Ich stand neugierig in Reihe zwei und beobachtete meine Kollegen. Man konnte eine kleine Benzinlache unter dem Auto sehen, welche auch noch frisch gewesen sein durfte. Einer der Feuerwehrmänner holte sich eine Unterlagsdecke und einen Handscheinwerfer und legte sich mit der Decke unter das Auto. Dann schrie er zu meinem Kommandanten, dass die Benzinleitung undicht ist, welcher darauf fragte, ob es eine Möglichkeit zum Abdichten gebe. „Ja, mit einem Holzstück müsse es gehen!", antwortete der unter dem Auto liegende Feuerwehrmann. Ein anderer Kollege holte aus dem Werkzeugkoffer ein Zeltmesser, und reichte es zusammen mit einem vom Boden gefundenen Holzstück dem Feuerwehrmann unter dem Auto. Ich hab nachher erfahren, dass er dann das Holzstück auf einer Seite zuspitzte, die Leitung durchschnitt und das Holz mit der Spitze in die Leitung steckte, also provisorisch abdichtete. Danach holten wir die Handmembranpumpe, öffneten den glücklicherweise unversperrten Tankdeckel, und pumpten in 20 Liter Kanister, welche sich ebenfalls am Fahrzeug befinden, den im Tank verbliebenen Treibstoff. Der während unserer Arbeiten eintreffenden Polizei übermittelten wir die Tatsachen, hinterlegten noch eine Bestätigung für den entnommenen Treibstoff, entfernten die kleine Benzinlache mittels Bindemittel, verpackten unser Werkzeug und rückten wieder auf die Wache ein. Auf der Wache verstauten wir den entnommen Treibstoff in einem dafür vorgesehenen Raum, das mitgenommene getränkte Bindemittel wurde ebenfalls weggeräumt, fehlende Kanister und fehlendes Bindemittel wieder auf das Fahrzeug gerüstet, und somit war mein erster Einsatz bei der Feuerwehr Wien beendet. Da es so üblich ist, zahlte ich eine Runde Getränke im Ausgleichsraum, und somit war mein Einstand auch erledigt. Ich selbst fühlte mich schon um einiges wohler, als in der Früh, ich merkte es selbst an mir, dass ich mich auch zu größeren Gruppierungen hinzugesellte und nicht mehr so schüchtern war.

Nach der Pause, also gegen 10 Uhr ging ich wieder Antreten, obwohl der Zugskommandant mich gleich wieder aufs Zimmer schickte, damit ich endlich mit meinem Kasten fertig werde. Die Stunde bis zum Mittagessen verging wie im Fluge, ich räumte meine Kiste aus, machte mir mein Bett und richtete mein Zimmer ein wenig mir zu Recht. In der Zeit alarmierte es ein weiteres Mal, wobei wieder das 3. BLF an der Reihe war. Gegen 11 Uhr 15 ertönte über die Lautsprecher:" es ist 11Uhr 15, bitte zu Tisch, Mahlzeit!", womit ich mich in den ersten Stock begab und schon auf die Schinkenfleckerl, die heute am Menüzettel standen, freute. Bevor man sich sein Essen holen durfte, musste man beim Küchenmeister die Rechnung für die beiden heutigen Menagen begleichen. Neben ihm stand eine Kreidetafel, wo das Essen für den nächsten Dienst oben stand, und der Betrag für das heutige Essen eingetragen war. Ich beglich meine Rechnung, nahm mir Besteck, welches gleich neben ihm in einem Etui zur Entnahme bereit stand und stellte mich in einer kurzen Reihe an. Die Portionen waren wirklich ausreichend, aber das kannte ich schon von der Grundausbildung in Floridsdorf. Mit dem Teller ging ich in den Speisesaal und setzte mich an einem Tisch, wo bereits zwei Kollegen aßen. Ich war mir ein wenig unsicher, ob es Platzeinteilungen bezüglich Chargierung gab, aber die beiden Kollegen versicherten mir, dass das in Hernals nicht so sei, man kann Platz nehmen, wo frei ist, ich muss sagen, das imponierte mir. Ich genoss richtig das Essen, plauderte ein wenig mit den beiden Kollegen, wobei einer uns nicht lange Gesellschaft leistete, da es wiederum mal das 3. BLF alarmierte. Ich freute mich schon auf morgen, denn da war ich auf diesem Fahrzeug eingeteilt. Nach dem Essen gönnte ich mir noch einen Kaffee, was ich heute eigentlich nicht mehr tue, denn da geh ich meistens nach dem Essen gleich auf mein Zimmer und freue mich auf mein Buch, und auf ein wenig Ruhe. Der Grund warum ich am ersten Tag noch in den zweiten Stock in den Ausgleichsraum ging, war sicherlich auch ein wenig mit Angst verbunden, denn ich hatte ehrlich gesagt ein wenig Angst mich nieder zu legen. Einerseits wusste ich genau, wenn ich jetzt auf mein Zimmer gehe, kann ich bis 14 Uhr nicht nur lesen und in die Luft schauen, sondern die Gefahr, dass ich einschlafe war sehr groß. Andererseits ist von etwa 12 Uhr bis 14 Uhr die Wache wie ausgestorben, fast jeder zieht sich auf sein Zimmer zurück, manche nützen die Freizeit um körperliche Fitness zu betreiben, manche um im Internet zu surfen. Während dem Kaffeetrinken nahm ich meinen Mut zusammen und fragte einen Kollegen, bei dem ich wusste, dass er mit mir am 2. BLF sitzt, ob er vielleicht in der Mittagspause und in der Nacht im Falle eines Alarms bei mir vorbeischauen könne. Er versicherte es mir, obwohl er meinte, dass ich heute so schlecht schlafen werde, dass ich eine Maus im Zimmer hören würde, leider hatte er Recht. Von Tag zu Tag besserte sich aber der Zustand, und so am fünften oder sechsten Dienst konnte ich in der Nacht schon einigermaßen gut schlafen, ich war zumindest nicht mehr so gerädert in der früh, als die ersten Dienste. Eines ist auf jeden Fall klar, zuhause schläft man natürlich um einiges ruhiger, denn der Hintergedanke, es könnte jeden Moment das Licht angehen, prägt einem doch beim Schlafen.

Ich ging also in mein Zimmer, verdunkelte mir den Raum so gut es ginge, denn ich dachte mir, dass ich durch das Licht eher aufwachen würde, als durch den Gong. Leider hatte ich noch kein Buch mit, so drehte ich mir den im Zimmer stehenden Fernseher auf, und zappte durch die Programme. Gegen 12 Uhr 30 dürfte ich eingeschlafen haben, stellte mir aber noch sicherheitshalber auf 13 Uhr 45 den Wecker, denn meine nächste Unsicherheit war, ob ich gegen 13 Uhr 55 das Zeichen für das Pausenende hören würde. Es kam nicht so weit denn gegen 13 Uhr riss es mich aus dem Schlaf, ich wusste im Moment nicht ob es Nacht oder Tag war, hüpfte aus dem Bett und fixierte mit großen Augen die brennende Lampe über der Türe. Das 3. BLF war mal wieder an der Reihe, doch mein Puls schlug höher, als vorhin, bei meinem ersten Einsatz. Ich ließ mich ins Bett zurückfallen und wartete bis das Licht wieder ausging, welches den ganzen Raum erleuchtete und mich unheimlich blendete.

Heutzutage ist das um einiges besser, denn aufgrund des Selektiv Alarmes geht das Licht in den Zimmern nur dann an, wenn es auch das zugehörige Fahrzeug ist. Ich brauchte so etwa ein Jahr lang, damit ich beim Angehen des Lichtes während der Schlafstunden zu erst einmal liegen blieb und abwartete, welches Fahrzeug überhaupt alarmiert wird. Die ersten Tage war ich bereits zum Teil angezogen, bis der Nachrichtenbeamte der Feuerwehrzentrale die Art des Einsatzes und welches Fahrzeug fährt, durchsagte. Dann saß ich eine Zeit im Bett und wartete auf die Durchsage, aber wie gesagt, es dauerte wirklich sehr lange, dass ich im Bett ruhig liegen blieb. Eines erspart man sich heutzutage ebenfalls, nämlich das der Puls bei einem Alarm, der einen nichts angeht, einem nicht so in die Höhe schnellt, wenn man plötzlich aus dem Schlaf gerissen wird, denn das kann man sich, glaube ich, nicht aneignen.

Ich lag also im Bett und starrte die Lampe an, meine Schläge waren immer noch so bei 140, endlich ging sie aus. Ich probierte noch einmal einzuschlafen, denn die Müdigkeit war jetzt da, aber der Gedanke, dass jetzt ich wieder der nächste bin, war stärker. Zog meine Sachen an und begab mich ins Kaffeehaus, dort saßen zwei Kollegen, zu denen ich mich setzte. Es ging wieder das Licht an, im Ausgleichsraum befand sich eine schöne Drehleuchte oberhalb der Schank, die sich bei Alarm drehte und das rote Licht im Raum bewegte. Ich stand gleich auf und begab mich Richtung Fahrzeughalle, ich war bereits im ersten Stock all die Durchsage kam:“ Drehleiter, 16. Bezirk, Lerchenfelderstrasse 23, Nachfahren, 3. BLF an der Einsatzstelle!“. Ich war ein wenig enttäuscht, schaute aus Neugier aber in die Fahrzeughalle, solche Aktionen gewöhnt man sich aber auch bald ab, denn die Faszination, dass die Fahrzeuge ausrücken wird eben zur Gewohnheit. Die Zeit bis 14 Uhr überbrückte ich mit Rundgängen durch die gesamte Wache, gegen 13 Uhr 55 stand ich bereits am Antreteplatz und wartete auf den Zugskommandanten. Kurz nach dem Zeichen trödelten auch die anderen Kollegen schön langsam ein, natürlich jene der Küche, des Kaffeehauses mussten wieder nicht antreten, die vom 3. BLF konnten nicht.

Einige Holzlatten, Kanter und Pfosten waren im Hof umzuräumen, viele Hände, rasches Ende, und somit wurden wir gegen 15 Uhr vom Zugskommandanten für heute entlassen. Er meinte nur, helft in der Küche wenn es nötig ist, oder betreibt ein wenig Sport. Ich entschied mich für das Erstere, hauptsächlich auch deswegen, da ich ja Sportgewand noch keines mithatte. Gegen halb vier kamen die drei Köche in die Küche, ich fragte sie, ob ich ihnen etwas helfen könne, erwähnte aber auch gleich, dass ich vom Kochen keinen blassen Schimmer hatte. Sie meinten nur, dass ich ihnen so gegen halb fünf Kartoffel schälen helfen könnte, da es heute Abend Tafelspitz mit geröstete Erdäpfel und Apfelkren gebe. Kaum hatte der eine Kollege ausgesprochen kam ein Alarm herein, in der Küche oberhalb der Abwasch, war eine Blitzleuchte, welche es ankündigte. Meine Nervosität stieg wieder, vor allem auch deswegen, da das 3. BLF noch immer nicht eingerückt war. So war es auch diesmal, wir waren dran und zwar alarmierte es ein Verkehrshindernis auf der Kreuzgasse. Ich war der Erste beim Fahrzeug, diesmal hatten wir einen anderen Gruppenkommandanten, da unserer angeblich im Fitnessraum war, und ein anderer Kollege ihm das Fahren nahm. Diese

Möglichkeit nehmen sehr viele in Anspruch, auch ich heutzutage bitte sehr oft Kollegen, damit sie mir das erste Fahren nehmen. Damit meine ich, dass der Kollege je nach Alarm entweder sein Fahrzeug oder eben meines als Erster übernimmt, fahren wir alle gemeinsam, also zum Beispiel bei einem Brand, dann nimmt jeder sein Fahren. Bei solchen Aktionen wird es dann schon sehr knapp mit der Zeit, denn der Fitnessraum befindet sich im Dachgeschoss, und braucht es seine Weile, bis man beim Fahrzeug ist. Vorher sollte man sich auch noch fertig anziehen, denn auf der Fahrt zum Einsatz kommt dann doch ein wenig Hektik auf. Die andere unangenehme Sache ist, dass man als völlig Verschwitzter ausfahren muss, welches besonders in den kalten Monaten fatale Folgen haben kann.

Kommen wir zum Verkehrshindernis in der Kreuzgasse, wo in diesem Falle nicht zwei Autos zusammengefahren sind, sondern ein Auto so parkte, dass die Straßenbahn nicht vorbeifahren konnte. Hiermit habe ich eigentlich die zwei möglichen Varianten schon aufgezählt, die wir bei dieser Einsatzart antreffen können. Beim typischen Verkehrshindernis, also bei einem Unfall zweier PKW wird jedoch ganz anders vorgegangen, als bei diesem Einsatz, möchte aber später darauf zu sprechen kommen, wenn ich diesen Einsatz selbst das erste Mal erlebe.

Als wir in die Kreuzgasse mit Vollgetonhorn und Blaulicht einbogen, standen schon drei Straßenbahnen in einer Reihe hintereinander, der Maschinist betätigte wieder das Horn und wir fuhren auf der Gegenfahrbahn bis zum Verursacher vor. Die Polizei war schon vor Ort, und bat uns den blauen Ford, welcher mit dem Vorderteil die nötige Fahrbahnbreite der Straßenbahn tangierte so Orts zu verändern, dass die Weiterfahrt der Straßenbahn gegeben war. Ich wollte schon den Wagenheber vom Fahrzeug holen, als mich der Kommandant zurückpfiff, alle stellten sich im vorderen Bereich des Ford auf und wir schupften regelrecht den PKW auf die Seite, damit die Bim, wie sie liebevoll von den Wienern genannt wir, weiterfahren konnte. Es war eine schnelle Einsatzerledigung, die Personen, welche aus der Straßenbahn während der Wartezeit einstweilen ausgestiegen waren, meinten noch lustvoll:" Na, wenn wir das gewusst hätten, dass das so auch funktioniert, hätten wir das ja selbst machen können!". Ich muss zugestehen, ich verstand die Überraschung der Zuseher, denn auch ich war von der Methode überrascht, aber sie war effektiv und wird noch heute sehr oft angewendet. Am Fahrzeug mussten wir noch einige Zeit warten, denn unsere Nummer eins musste noch einige Schreibarbeiten erledigen, da dieser Einsatz ein bezahlter Einsatz ist. Über Funk hörten wir, dass unser 3. BLF eine Funkfuhr in den 15. Bezirk bekam, welches meine Kollegen ein wenig erheiterte, und ich hoffte insgeheim, na vielleicht bekommen wir dann auch eine.

Gegen 16 Uhr 15 rückten wir wieder auf die Wache ein, ich begab mich wie versprochen in die Küche und half bei den wenigen noch übrig gebliebenen Erdäpfel, gönnte mir nachher noch einen Tee, plauderte ein wenig im Ausgleichsraum, und im Nu war es 17 Uhr, Abendessen gab es.

Nach 17 Uhr ist ja laut Dienstanweisungen und Beschäftigungspan freie Zeiteinteilung, also, man darf sich auf der Wache nach seinen Interessen beschäftigen. Da ich ja noch nichts an Sportdress oder für Saunagänge mithatte beschränkte sich mein Abend auf Kaffeehaus, sowie mein Zimmer mit Fernseher und Lektüre. Nach dem Abendessen, welches übrigens hervorragend schmeckte, wie so oft bei der Feuerwehrküche, leistete ich mir noch einen Kaffee im Ausgleichsraum, nützte dabei wieder die Gelegenheit um neue Kollegen besser kennen zu lernen. Da das 3. BLF von 18 bis 20 Uhr auf Dienstsport geschrieben war, wusste ich, dass zu dieser Zeit eine

Ausfahrt für mich wahrscheinlich war, somit beschloss ich, meine persönliche Reinigung nach 20 Uhr zu verlegen. Nach dem Kaffee begab ich mich auf mein Zimmer und blätterte ein wenig Zeitschriften, die sich am Zimmer befanden, nicht lange jedoch, denn schon nach kurzer Zeit ging wieder das Licht an. Ich schaute auf die Uhr, es war 17 Uhr 45, also vermutlich noch das 3.BLF. Dem war nicht so, denn die Ansage lautete: „Hernals Kommandofahrzeug, 1.BLF, ULF, Drehleiter, 2.BLF; 15. Bezirk, Markgraf Rüdigerstrasse 2, Zimmerbrand!“. Ich hatte mich zum Glück nur ohne Schuhe auf das Bett gelegt, schnellte in die Höhe, zog meine Schuhe im Hinauslaufen an und rannte die zwei Stockwerke hinab. Diesmal gab es auch viele andere Kollegen die liefen, jedoch von meinem Fahrzeug war ich wieder der Erste. Wahrscheinlich wussten sie auch, dass wir das Letzte Fahrzeug sind, welches wegfährt und da hat man dann doch so etwa eine Minute mehr Zeit. Ich war hochgradig nervös, und es beeindruckte mich, als wir im Konvoi in der Stoßzeit mit riesigem Lärm durch die Strassen fegten. Über Funk erfuhren wir von der Nachrichtenzentrale, dass die Anzeigerin eine Wohnpartei im Erdgeschoss sei, und sie meldete starken Rauch im Stiegenhaus, unser Offizier bestätigte die Aussage mit einem einfachen:“ Verstanden!“. Meine Kollegen erklärten mir, dass das 2.BLF, also unser Fahrzeug, nur die Reserve darstellt, somit in erster Linie einmal sitzen bleibt. Sind dann besondere Tätigkeiten, wie zum Beispiel ein Löschangriff über die Drehleiter, oder über die Schiebleiter, oder ein Sicherheitstrupp für den Atemschutztrupp notwendig, dann werden wir über Funk verständigt. Genau so wie ich es in der Theorie lernte, lief es ab, denken sie an Erkundung „Brand“, diese Einsatzart kam nun zu tragen. Wir kamen bei der angegebenen Adresse an, da wir ja das fünfte Fahrzeug waren standen wir doch einigermaßen weit von der Einsatzstelle entfernt, aber ich konnte doch den Ablauf verfolgen. Die Besatzung des 1. BLF sprang aus dem Fahrzeug, alle liefen zum Raum drei, welcher sich in Fahrtrichtung auf der linken Seite befindet, der Erstankommende öffnete den Rollbalken. Die Vorrichtung für den Atemschutz wurde nach unten gekippt, somit war eine leichtere Entnahme möglich. Der Gruppenkommandant, sowie die Nummern eins und zwei nahmen sich den Atemschutz auf den Rücken, wobei die beiden anderen Beamten zuerst die anderen zu mitnehmenden Utensilien herrichteten, und danach dem Atemschutztrupp hilfreich unter die Arme griff. Fertig ausgerüstet, außer natürlich dem Anschluss der Atemschutzmaske, bewegten sich die Fünf in Begleitung des Offiziers und dem Melder in das Wohnhaus Nummer zwei. Auch die Besatzungen des ULF und der Drehleiter blieben am Fahrzeug in Bereitschaft sitzen, wobei der Atemschutztrupp des ULF seine Atemschutzgeräte bereits am Fahrzeug aufgerüstet hat. Ab nun konnte ich natürlich nichts mehr sehen, und wir warteten alle auf die Rückmeldung des ersten Trupps. Es dauerte nicht lange, und die Funkgeräte begannen leicht krachend folgende Meldung von sich zu geben:“ Funkstelle von Hernals kommen!“, welches die Funkstelle sofort mit:“ Hernals kommen!“ antwortete. Weiter ging es mit der Rückmeldung des Melders, welche wie folgt lautete:“ Rückmeldung, war Kleinbrand im Stiegenhaus, Brand mittels Kübelspritze gelöscht, Brand aus!“. Es folgte nur mehr die kurze Bestätigung der Funkstelle mit: „Verstanden“. Während dieser Rückmeldung entledigten sich meine Kollegen bereits von Feuerwehrgurt und Einsatzjacke, ich tat es ihnen nach. Der Zugskommandant erschien Sekunden später in Sichtweite und deutete unserem Gruppenkommandanten einen Wink, der eindeutig das Einrücken bedeutete. Unser Kommandant drückte die Klappe 2 am stationären Funk, welches über Funk Einsatzbereit bedeutet und somit war der Einsatz beendet und mein erster Zimmerbrand erledigt. Später erfuhr ich von den Kollegen des 1. BLF, dass ein am Gang befindlicher Schuhschrank gebrannt hatte, die Vermutung auf Brandlegung lag nicht fern, welches jedoch Aufgabe der Kripo war. Irgendwie war ich doch noch aufgeregt, als wir auf die Wache wieder einrückten, obwohl ich nichts leistete und nur am Fahrzeug das Geschehen beobachtete. Ich begab mich wieder ins Kaffeehaus und schloss mich kleinen Diskussionsgruppen an. Später begannen vier Feuerwehrmänner Karten zu spielen, da ich das Spiel Tarock kannte, gesellte ich mich ein wenig dazu und kiebitzte. Die Dienstsportzeit des 3.BLF verlief ohne Alarm, gegen 21 Uhr begab ich mich auf mein Zimmer, schaute noch bis 22 Uhr fern und schlief dann ein. Mitten aus dem Traum gerissen, ging das Licht oberhalb der Zimmertüre an, ich schaute komischerweise gleich auf die Uhr, welche 01 Uhr 35 anzeigte, hüpfte aus dem Bett, meinen Puls wollte ich nicht wissen, und zog mich an. Für mich war es mal wieder ein Fehlalarm, denn wie so oft war es das 3. BLF, welches zu einem Verkehrshindernis alarmiert wurde. Ich sank in mein Bett zurück, beruhigte mich schön langsam wieder, zog meine Uniform bis auf Unterwäsche und Laibchen aus und versuchte wieder einzuschlafen. Es dauerte lange bis ich es schaffte, auf das nächste, worauf ich mich erinnern konnte, war das die Türe zu meinem Zimmer aufging und der Kollege von gestern früh sagte nur:" Ich bin da, hab am Dienstplan gesehen, dass du 2. BLF fährst und morgen kommst, ich lieg im Zimmer 206, schönen Tag noch!". Ich konnte nicht einmal antworten, da ich mich aufs erste überhaupt nicht auskannte, bis ich endlich wusste, dass meine erste Schicht beendet war, hatte er die Türe bereits wieder geschlossen. Ich dürfte noch einmal eingeschlafen sein, denn um 06 Uhr 25 schnellte ich mit dem Zeichen in die Höhe, sah mich um und wusste nicht gleich, wie lang ich noch mal eingeschlafen war. Ich schaffte es diesmal mich aus dem Bett zu quälen, wusch mich, zog mich um und verließ mit leichtem Stolz die Wache.

Meine ersten Jahre, sowie weitere Einsätze

Rückblickend gesehen war mein erster Wechseldienst bei der Wiener Berufsfeuerwehr erfolgreich, ich hatte keine großen Fehler begangen, konnte meine Nervosität einigermaßen im Zaun halten, vielleicht zeigte ich hie und da Verlegenheit, die mit einer Röte im Gesicht zur Schau stand, aber sonst lief alles bestens.

Natürlich kann ich jetzt nicht jeden einzelnen Tag, den ich bisher bei der MA 68 erlebte, wiedererzählen, daher werde ich eine grobe Zusammenfassung meiner bisher abgeleisteten Kurse beschreiben, und in den Vordergrund möchte ich Einsatzerlebnisse wiedergeben. Ich werde alle Einsatzarten, die es in der Ausrückeordnung gibt und die ich bisher selbst erlebt habe, an Hand eines Beispiels erzählen. Am ersten Tag habe ich ja zwei Einsätze bereits erzählt, eines war der „Ausfließende Kraftstoff", der andere der „Zimmerbrand", wobei ich eventuell einen Zimmerbrand noch erzählen werde.

Im Prinzip kann man sich vorstellen, dass jeder Tag, wie ich ihn erzählte, so abläuft. Natürlich gibt es Tage, vor allem am Wochenende, wo es ruhig ist, vielleicht nicht einmal das Licht angeht, jedoch sind diese Dienste, überhaupt in Hernals, die Minderheit gewesen. Auch von der Beschäftigung weicht es ab, einmal hatte ich keine besondere Aufgaben, dann wiederum Kurse oder Dienste in Küche oder Kaffeehaus.

Die ersten beiden Jahre habe ich Dienst in Hernals versehen, wobei ich so etwa ab dem zweiten Monat immer öfters in der Küche eingeteilt war. Anfangs als Springer, also wenn fix eingeteilte Kollegen der Küchenbesatzung in Urlaub oder dienstfreien Tag waren, später war ich bereits ein fixes Bestandteil der Küchenbesatzung. Natürlich hatte ich keinen blassen Schimmer vom Kochen, und wenn sie auf mich nicht aufgepasst hätten, wäre mir anfangs sogar das Wasser angebrannt. So musste ich mich mit Hilfsarbeiten begnügen, wie etwa Erdäpfel schälen, Zwiebel schneiden und Gemüse putzen. Ein paar Monate später durfte ich dann meine ersten Suppen kreieren, und somit meine ersten Erfolge, aber auch Misserfolge einholen. So nach etwa 18 Monaten hatte ich genug Erfahrung, um auch hie und da bei Hauptspeisen die Verantwortung zu tragen. Ich hatte Spaß an der Arbeit in der Küche, und ich bereue keine Tätigkeit, es ist mir auch heute noch von großem Vorteil, wenn ich zuhause aufkochen darf.

Die Zeit verging wie im Fluge, und meine ersten Kurse standen am Programm, wobei der Branddienstkurs in Floridsdorf, also dort wo alles begann, der Erste war. In den acht Monaten lernte ich eigentlich den gesamten Stoff der Grundausbildung noch einmal, nur diesmal um einiges intensiver, und natürlich kam viel Neues hinzu.

Auf der Hauptwache Floridsdorf hatte ich auch meinen ersten Einsatz, wo man von traumatischen Erlebnissen sprechen muss. Man darf sich jetzt nicht vorstellen, dass ich jede Nacht Schweiß gebadet aufwache, oder im Traum darüber zu reden oder vielleicht zu schreien beginne, aber es gibt Momente in meinem Leben, wo gewisse Bilder dieses Einsatzes wieder auftauchen. Heutzutage gibt es ein sehr geschultes Personal, welches die MA 68 ebenfalls anfordern kann, und welche bei solchen Einsatzerlebnissen Gespräche mit den betroffenen Feuerwehrmännern suchen und somit eine Heilung herbeiführen können.

Ich war etwa zwei Monate in Floridsdorf, der Kurs begann im Oktober, also es muss Anfang Dezember gewesen sein, als dieses Unglück geschah, es war später Nachmittag.

Natürlich begann der Einsatz wie jeder, also mit der Alarmierung. Vielleicht klingt das jetzt banal, aber wenn das Licht angeht, weiß eben keiner was jetzt kommt, was man in den nächsten Minuten, Stunden erlebt. Ein gewisses Kribbeln kommt auf, egal wie lange man dabei ist, irgendwie könnte man das als das Abwechslung in diesem Beruf nennen. Es ging also wie immer zuerst das Licht im ganzen Hause an, Selektivalarm gab es zu dieser Zeit immer noch keinen, die Durchsage lautet folgendermaßen:"1.BLF, 21.Bezirk, die tatsächliche Adresse möchte ich aus Pietätsgründen nicht angeben, Geruchsbelästigung!". Natürlich hatte auch ich dieses Fahrzeug an diesem Tag zugeteilt bekommen, eine Alarmierung die eigentlich über das Erwartende sehr wenig aussagt, ein unguter Einsatz für den Gruppenkommandanten. Bei einem Verkehrshindernis weiß man, dass vermutlich mindestens zwei PKW zusammengefahren sind, bei Ausfließender Kraftstoff nimmt man an, dass ein Treibstoff infolge eines undichten Tanks ausrinnt, aber hier hat man keine Ahnung, keine Möglichkeit einer geistigen Vorbereitung. Natürlich habe ich das mit zwei Jahren Feuerwehr noch nicht so gesehen, ich habe mir auch noch keine Gedanken bei der Anfahrt gemacht, wie könnte man am besten bei diesem Einsatz vorgehen, oder wie beginnt man den Einsatz, heutzutage sieht das schon ganz anders aus. Als wir ankamen, erwartete uns bereits der Anzeiger, der uns zu einem kleinen Fenster führte, welches eher wie ein Lüftungsschacht aussah. Man muss sich einen riesigen Wohnkomplex vorstellen, welcher von vier Gassen eingezäunt wird, eine typische Bauweise der Gemeinde Wien in den sechziger und siebziger Jahren. Und in einer dieser Gassen außerhalb des Gemeindebaues führte uns dieser Herr zu diesem Lüftungsfenster. Das Fenster war erdbodengleich und hatte die Öffnung nur nach unten, jedoch leicht versetzt, damit man nicht nach unten sehen konnte. Die Öffnung der Lüftung betrug etwa eine Länge von einem Meter und einer Breite von einem halben Meter, die Tiefe dürfte der Breite gleich gewesen sein. Über das Lüftungsfenster dürfte ein Gitter montiert gewesen sein, welches man aber nur mehr an Hand der Befestigungsbolzen erkennen konnte, das Gitter war nicht mehr vorhanden. Auf die Fragen was da unten sein soll und wo das Gitter sei, antwortete der aufgeregte, doch schon über fünfzigjährige Mann:" Was da unten ist weiß ich nicht, ich wohne auf der anderen Seite des Wohnblocks, und das Gitter fehlt schon seit zwei Wochen, wir haben die Hausmeister schon darauf hingewiesen, da wir immer wieder Kinder in diesem Schacht verstecken spielen sahen!". Als wir beim Fenster ankamen, wartete noch eine ältere Dame mit einem Hund, sie dürfte die Ehefrau des Anzeigers gewesen sein. Wir konnte alle einen Geruch wahrnehmen, jedoch bestimmen konnte den Geruch keiner von uns. Unser Gruppenkommandant zeigte leichte Nervosität, und meinte wir sollten probieren, in das Fenster hinunter zu steigen. Zuerst probierte es ein Kollege, aber da das Fenster so versetzt und zusätzlich so klein war, konnte er nicht einmal mit seinem Hüftbereich hineinkommen. Als nächster probierte er Kopfüber mittels Handscheinwerfer hinunter zu zeigen, Fehlanzeige, die Versetzung des Fenster war zu weit nach innen, und der Geruch war unten so beißend, dass er keine Luft bekam und nichts sehen konnte. Da ich aufgrund meiner Körpergröße am ehesten dafür geeignet war, meldete ich mich, ich würde probieren nach unten zu steigen. Man konnte richtig merken, wie unser Kommandant von Minute zu Minute Nerven zeigte, zuerst hatte er noch den Gedanken, es von innen zu probieren, also den Raum im Keller einer Stiege zu suchen. Es wäre natürlich die idealste Lösung gewesen, aber da es einerseits 34 Stiegen gab, und es von unserem Standpunkt aus sehr unübersichtlich war, entschied er sich, dem statt zu geben. Ich legte mir das Oxygerät um, ein Schnellangriffsgerät, welches wir früher für die Erkundung für Brandeinsätze verwendeten. In Prinzip ist es ein Atemschutzgerät, wobei hier aber nicht eine Pressluft eingeatmet wird, sondern die Ausatemluft gereinigt wird und der in Kohlendioxid umgewandelte, fehlende Sauerstoff durch reinen Sauerstoff ersetzt wird. Die Angriffszeit des Gerätes beträgt etwa 15 Minuten. Ich glaube das Gerät wurde beim Bundesheer verwendet, heutzutage nicht mehr vorstellbar, man verwendete nicht einmal eine Maske, sondern hatte nur ein Mundstück, über welches die Luft ein und ausströmte. Damit man wirklich nur über den Mund atmet, wurde die Nase mittels Klemme zugedrückt. Der einzige wirkliche Vorteil des Gerätes war, dass es sehr klein war, da man sich dieses gerät um den Hals hängte und im Brustbereich pendelte.

Ich legte das Gerät also an, ein Sicherheitsgeschirr nahm ich ebenfalls, welches an einer Leine befestigt wurde, damit ich im Notfall wieder nach oben gezogen werde konnte. Ich glaube mein Puls schlug an die 180, ich weiß nicht genau, ob man mir es angesehen hat. Ich versuchte mit meinen Beinen nach unten zu gleiten, damit ich irgendwo halt finde, es gab nichts. Der Gruppenkommandant schon übernervös, meinte egal, du hängst ja eh an der Leine. Ich rutschte also weiter hinein, war bereits bis zum Bauch in diesem Schacht, nur meine Hände stützten mich noch. Jetzt war die Zeit gekommen, wo ich meine Hände auslassen musste, und nur mehr die Leine war meine Verbindung zur Außenwelt. Wie ich im Brustbereich angelangt war, drückte der enge Schacht mir das Oxygerät ständig nach oben, meine Augen begannen zu brennen, meine Beine baumelten im Ungewissen, der Gestank war unerträglich. Nur mehr mein Kopf und das Angriffsgerät schauten noch ins Freie, meine Kollegen hatten mit meiner Sicherung alle Hände voll zu tun. Eines rettete mir wahrscheinlich mein Leben, der Schlauch des Angriffsgerät war so kurz, dass er nicht bis über meinen Kopf reichte, somit musste mein Kopf und das Gerät gleichzeitig durch den Schlitz, und das ging sich nicht aus. Glücklicherweise hatte der Kommandant nicht den Einfall, ich solle es ohne Gerät probieren, aber ich glaube er hatte es eingesehen, beorderte mich zurück und gab eine Rückmeldung an die Funkstelle, dass er eine Ergänzung auf Löschbereitschaft benötigt. Ich glaube, ihm ging das jetzt alles zu langsam, er brauchte mehr Leute um diesen Raum zu finden, und diese Geschichten, dass in dem Schacht ständig Kinder ihr Versteck suchten tat das restliche hinzu.

Wir verstauten einstweilen unsere bis jetzt benötigten Geräte, und begaben uns zum nächstgelegenen Eingang des Wohnkomplexes. Ich schätze mal, dass bis dahin so etwa 35 Minuten vergangen waren, der Geruch war immer noch wahrnehmbar und wir hatten nicht die leiseste Ahnung von wo und von was es stammte. Unsere Nummer eins versuchte in der Zeit, während wir uns für Erkundung Brand ausrüsteten, eine ortskundige Person zu finden. Die Bereitschaft war schon von weitem zu hören, welche Einsatzart sie bekommen haben, weiß ich nicht, aber vermutlich haben sie die Einsatzart auf Zimmerbrand geändert, auch wenn es bei weitem nicht stimmte. Unser Kommandant eilte dem Kommandofahrzeug entgegen, erzählte dem Offizier die bisher erkundeten Tatsachen, zeigte ihm noch das Fenster und dann ging es schnell. Jede Gruppe bekam in den dafür möglichen Bereich eine Stiege zur Erkundung, wir bekamen die Stiege 24. Uns war natürlich allen klar, es könne sich nur im Kellerbereich befinden, also erkundeten wir den gesamten Keller, einen Geruch konnten wir keinen feststellen. Von den anderen Gruppen hatten wir über Funk erfahren, dass in ihren Stiegen keine besonderen, versperrten Räume vorzufinden waren. Wir hatten ebenfalls den Keller schon fast durch, als einer unserer Männer schrie, ich hab es. Ich weiß nicht, ob es alle durchzuckte, mir schien, als sei ein Stromschlag durch meinen Körper gestoßen. Aufgrund der Funkmeldung eilten die restlichen Gruppen, sowie natürlich die Einsatzleitung in die Stiege 24. Es war sehr dunkel unten im Keller, die vorhandene

Beleuchtung war sehr schwach, und nur mittels mitgebrachter Scheinwerfer konnten wir erkennen, dass es sich um einen Traforaum handelte. Ich glaube, dass ich nicht beschreiben muss, wie es mir plötzlich ergangen ist. Von diesem Zeitpunkt wusste ich, dass mein Leben an einem sehr dünnen Faden gehangen ist, denn würde ich es geschafft haben, in den Schacht zu dringen, wäre ich in diesem Raum gewesen, hätte vermutlich beim Ankommen am Boden halt gesucht und nur bei der kleinsten Berührung mit einer dieser Trafostationen wären an die 110 KV durch meinen Körper geflossen. Das einzige Positive, ich hätte keine Schmerzen erleiden müssen, denn er wäre verdammt schnell gegangen, bei diesen Gedanken wurde mir übel, doch die momentanen Umstände ließen kein langes Nachdenken zu.

Die Ereignisse überschlugen sich, in den Moment, als unser Offizier das Gewaltsame Öffnen dieser Türe beauftragte, tat sich einen Stock höher etwas Unglaubliches. Die Polizei, die in etwa mit der nachalarmierten Bereitschaft ankam, erkundete auf ihre Weise das Geschehen, konnte einige Kinder ausfindig machen, die auch an diesem Tage Verstecken spielte. Nach langem Fragen der etwa Zehnjährigen konnten sie erfahren, dass ein Kind sich auch diesmal wieder in diesem Schacht versteckte, es wollte es besonders gut machen und kroch wahrscheinlich zu weit hinein, denn sie konnten ihn nicht mehr finden, auch auf Zurufe reagierte niemand. Die Kinder bekamen es mit der Angst zu tun, und sie taten so, als wäre nichts geschehen, sie gingen alle nach Hause. Die Polizei konnte die Adresse des verloren gegangenen Kindes ausfindig machen, und suchte die Adresse auf, er war nicht zuhause. Alles dies ereignete sich Zeitgleich mit unserem Suchen des Raumes und dem versuchten Aufbrechen der Türe. Normalerweise ist dieser Raum auch absolutes Tabu für die Einsatzkräfte der Feuerwehr, in diesen Raum hat nur geschultes Personal der Wienstrom Zutritt. Unser Einsatzleiter wusste kurz vor Öffnen der Türe, was sich oberhalb uns abspielte, die Polizei informierte ihn, er ließ es uns nicht wissen. Die Blechtüre ist eine sehr schwer zu öffnende Türe, es musste schnell gehen, also schnitten wir mittels Trennschleifer die Türbänder ab. Nach erfolgreichem Durchschneiden konnten wir die Türe einfach zu uns fallen lassen und aus dem Schloss aushängen. Der Offizier verbot uns, auch nur den kleinsten Schritt in den Raum zu gehen. Während unserer Schneidarbeiten wurde einstweilen von einer anderen Gruppe ein Lichtfluter aufgestellt, der den Keller mit 1000 Watt ausleuchtete. Als die Türe uns die Sicht in den Raum erlaubte erstarrten alle Gesichter. Ich bin mir sicher, einige Kollegen, vor allem ältere, hatten schon viel gesehen und erlebt, aber das hat vermutlich alles übertroffen. Vom Anblick her, war es gar nicht so schlimm, denn im Moment konnten wir es noch nicht zuordnen, nur unser Einsatzleiter wusste bereits Bescheid. Als aber im selben Moment eine schreiende Frau nach unten gelaufen kam, die Polizei konnte sie nicht mehr festhalten, sie konnte sich unglücklicherweise bis zur Türe durchkämpfen, unsere Kollegen konnten sie gottlob vor dem Raum festhalten, wurde schön langsam jedem Einzelnen dieses unglaubliche Schicksal wahr. Der Junge stürzte beim Versteckspielen in den Raum, sicherlich schwer verletzt, da es etwa 4 Meter bis zum Schacht waren, taumelte im Finstern, suchte nach einem Ausgang und öffnete einen Traforaum. Ein schwarzes undefinierbares Häufchen lag etwa einen Meter vor solch einem Trafo, er dürfte weggeschleudert worden sein, er war natürlich sofort Tod. Die Mutter sank zusammen, und winselte nur mehr, ich kann sie noch heute vor mir sehen, manchmal auch hören. Sie wurde später weggebracht, sie erlitt einen schweren Nervenzusammenbruch. Welche Tätigkeiten nachher noch durchgeführt wurden, kann ich nicht sagen, wir räumten alles zusammen und rückten ein. Es durfte nichts verändert werden, die Kripo und Staatsanwaltschaft musste ihre Ermittlung erst aufnehmen.

Das allerschlimmste daran ist, dass diese Mutter vermutlich zur ihrem unerträglichen Leid noch eine Anzeige wegen Unterlassung der Aufsichtspflicht bekommen hat. Ich fragte mich das erste Mal, seit ich diesen Beruf ausübte, wie werde ich diese tägliche Schmach ertragen. Ständig sinAd wir mit Tod, Drogen, Schicksalen und Abschaum konfrontiert, ich hoffe ich kann davon immer genügend weit Abstand finden. Was uns ein wenig hilft, ist das wir den Ausgang der einzelnen Schicksale nur in den seltensten Fällen erfahren, und auch nur dann, wenn die Öffentlichkeit darüber berichtet, doch da sollte man nicht immer für bare Münze nehmen.

Natürlich und glücklicherweise sind solche Einsätze die Ausnahme und passieren nicht täglich, wäre wahrscheinlich auch nicht auszuhalten. Aber im Laufe der Zeit kommt einem einiges unter, und da muss ich mich an einen Einsatz erinnern, welcher mir auch immer wieder vor Augen kommt. Wenn man im Einsatz ist, denkt man eigentlich nicht darüber nach, aber im Nachhinein lässt man den Einsatz nochmals Revue passieren und da denkt man sich oft, ist so etwas überhaupt möglich, würde ich auch so reagieren, frage ich mich dann oft. Manchmal stelle ich mir die Fragen gleich, wenn ich einrücke. Da ja die meisten größeren Einsätze sich in der Nacht ereignen, liege ich im Bett und mach mir so meine Gedanken. Den Einsatz, welchen ich jetzt gleich erzählen werde, hier bin ich mir sicher, dass neunzig, wenn nicht neunundneunzig Prozent der Bevölkerung auf keinen Fall so reagieren würden, wie das Ehepaar, dass bei diesem Einsatz quasi die Hauptrolle spielte.

Bevor ich damit beginne, möchte ich noch einen Satz nennen, denn mir einmal ein älterer Kollege mitteilte. Ich dürfte mal wieder über irgendeine Reaktion betroffener Personen bei einem Einsatz entsetzt gewesen sein, als er meinte:" Ich bin jetzt schon so lange bei diesem Verein, dass ich mir immer sage, es gibt nichts, was es nicht gibt!". Diesen Satz rufe ich mir dann immer wieder in Erinnerung, wenn mal wieder etwas passiert, mit dem man auf keinen Fall gerechnet hätte, auch die Berufsfeuerwehr Wien als Verein zu bezeichnen fand ich bemerkenswert.

Ich komme nun zu diesem Einsatz, wobei der Ablauf des Einsatzes ein normal üblicher Prozess war, wie wir eben bei einem Zimmerbrand vorgehen. Es war auch nicht ein besonders schlimmer Zimmerbrand, aber Gott sei Dank, denn sonst hätten wir zwei Tote zu beklagen gehabt, die mich sicherlich stark betroffen hätten.

Es war gegen 2 Uhr in der Nacht, als wir zu einem Zimmerbrand in Wien Floridsdorf alarmiert wurden, ich fuhr das 1.BLF, also führte ich mit meinen Kollegen die Erkundung und die erste Brandbekämpfung durch. Die Adresse möchte ich nicht nennen, da man vielleicht diesen Personen ihre Handlung doch ankreiden könnte. Als wir ankamen war von außen noch nichts zu sehen, somit führten wir unsere Erkundung mit den nötigen Geräten durch. Das Haus hatte zwei Stiegen, und da der Brand im hinteren Stiegenhaus stattfand, konnte man straßenseitig auch nicht gleich erkennen, dass es tatsächlich brannte. Der Anzeiger, welcher uns bereits erwartete, führte uns in die hintere Stiege, wo wir beim Betreten des Stiegenhauses bereits Brandgeruch wahrnehmen konnten. Er zeigte auch die Türe, welche er vermutete, dass der Brand sich darin befand. Es war im zweiten Stock, die Türe acht, wo man deutlich den Rauch aus dem unteren Türschlitz hervorquellen sah. Für unseren Einsatzleiter war die Lage eindeutig, 1.BLF hat die Türe aufzubrechen, eine weitere Löschgruppe hat eine Löschleitung herzurichten, und das ULF hatte sich mit Atemschutz in Bereitstellung zu halten. Wir hatten unser Einbruchswerkzeug natürlich mit, und begannen sofort mit unseren routinemäßigen Arbeiten. Wir klopften zuerst enorm stark an die Türe, damit die Wohnungsinhaber eventuell aufwachten und so sich selbst in Sicherheit bringen konnten. Als wir dann durch den Lärm andere Personen in neben liegenden Wohnungen aufweckten, und die uns mitteilten, dass darin eine Familie mit zwei Kindern wohne, handelten wir schnell. Das Brecheisen wurde am Türblatt angesetzt und es wurde mit dem gewaltsamen Öffnen begonnen. Hierzu ist vielleicht zu sagen, dass wir nicht immer solch ein Vorgehen bevorzugen. Ist der Kommandant, oder auch der Einsatzleiter der Meinung, es bestehe nicht unmittelbare Gefahr, wird probiert die Türe über das Schloss zu öffnen, hierfür sind wir ebenfalls ausreichend geschult. Aber im Brandfall, vor allem, wenn bereits ein Rauchaustritt sichtbar ist, wird meist die Methode mit dem Brecheisen angewendet.

Das Türblatt wehrte sich gegen das Brecheisen und dem Druck, den der Kollege auf die Türe brachte. Es muss auch durch das ständige Nachschlagen des Hammers auf das Brecheisen zu einem enormen Lärm in der Wohnung gekommen sein. Anders kann ich mir nicht vorstellen, dass die beiden Eltern plötzlich von selbst die Türe öffneten. Und dann geschah das Unglaubliche, denn jeder wird jetzt denken, dass je ein Elternpaar mit den Kindern im Arm die Wohnung verlassen wird, aber dem war nicht so. Als wir sie verwundert betrachteten, fragten wir fast im Chor:" Wo sind bitte die Kinder?". Sie glauben nicht, was wir als Antwort bekommen haben, den der Vater senkte seinen Blick, die Frau schaute entsetzt und sie meinten:" Verdammt die haben wir vergessen!". Ehrlich, können sie sich so etwas vorstellen, aber es ist eben tatsächlich passiert. Natürlich reagierten wir schnell, und als einige Kollegen eben diese Eltern, wenn man sie so überhaupt bezeichnen darf, befragten, hatten zwei Kollegen des 1. BLF bereits die Wohnung gestürmt und suchten die Kinder selbst. Am Ende ist alles gut ausgegangen, die Kinder wurden mit einer leichten Rauchgasvergiftung ins Spital gebracht, was die Polizei wegen diesem Vorfall mit den Eltern machte, ich weiß es nicht. Aber da sind wir eben wieder bei diesem Thema, dass wir glücklicherweise über solche Ausgänge nicht informiert werden, denn würden sie mit einer Abmahnung wegkommen, würde es mich ein Leben lang ärgern, auch wenn das jetzt sehr hart klingt. Aber so weiß ich es eben nicht, und das ist gut so. Vielleicht noch einen Satz dazu, wenn ich schon in dieser Ausnahmesituation so reagiere, dann würde ich zumindest, dann wenn ich darauf aufmerksam gemacht werde, sofort umdrehen und in die Wohnung stürmen. Aber nein, sie schauten uns nur mit großen Augen an, wie wenn sie unsere Verzweiflung und Verwunderung nicht fassen konnten. Sie müssen denken, wenn das eine große Wohnung ist, muss man erst einmal bei einer Verrauchung, wenn es da auch nicht so dicht war, das Kinderzimmer finden, die Eltern würden es sicherlich schneller finden.

******

Im Prinzip läuft der Dienst so ähnlich wie in Hernals ab, bis auf das ich während der Arbeitszeit keine administrativen Arbeiten erledige, sondern im Branddienstkurs bin. Wie schon erwähnt, ist der Kurs der Grundausbildung sehr ähnlich, er ist halt viel spezifischer und somit um einiges intensiver. Auch die Ausfahrten sind in Floridsdorf um vieles weniger, vor allem die technischen Einsätze liegen in der Minderheit gegenüber der Sektion Hernals. Ein typischer technischer Einsatz ist die Einsatzart loser Verputz, welchen ich nun ein wenig näher erläutern möchte.

In sehr vielen Fällen ist die Ursache des Einsatzes eine so genannte Zeiterscheinung. Damit meine ich, dass das betroffene Haus auf Grund seiner Altersbeständigkeit Mängel an den Verputz-teilen, sowie an den Gesimsen aufweist, die in weiterer Folge zu unserer Alarmierung führen. Die ständigen Temperaturwechsel, die Nässe, all das sind Möglichkeiten, welche zu Blasenbildungen an Verputz-teilen führen können. Brechen diese Blasen auf, oder ist der Verputz schon extrem poröse, fällt er auf den Gehsteig, oder auf die Strasse. Passanten, Wohnungsinhaber der betroffenen Häuser oder die Hausverwaltung selbst zeigt den Schaden dann bei der Feuerwehr an.

Eine weitere Ursache des losen Verputzes kann ein loses oder schadhaftes Saumblech sein. Dieses Blech, welches auch Traufenblech genannt wird, ist der Abschluss der Dachhaut und ist für ein gezieltes Abrinnen des Regenwassers in die Regenrinne verantwortlich. Ist jetzt dieses Blech infolge von Sturmschäden, oder aus Zeitschaden, schadhaft, kann Regenwasser über das Krönungsgesimse über die Hausmauer gelangen. Bei längerem Regen wird der Verputz aufgeweicht und das Wasser gelangt unter die Verputzschicht. Meistens bei den ersten Minusgraden gefriert das Wasser und der Verputz ist schadhaft.

Was macht nun die Feuerwehr bei solchen Einsätzen, eigentlich sind wir dafür nicht zuständig, denn die Fassade gehört abgeschert und erneuert. Da aber solche Aufträge an Firmen sehr zeitaufwendig sind, und die natürlich bei Auftreten solcher spontanen gebrechen nicht sofort aktiv werden können, muss eine erste Maßnahme getroffen werden, und die erledigen wir. Wir verputzen also das Haus nicht neu, was sich vielleicht viele Hausverwaltungen wünschen würden, sondern wir entfernen nur die losen Teile an der Fassade und verweisen die Verwaltung oder Eigentümer an Fachfirmen.

Leider passiert es auch sehr oft, dass wir zu einem losen Verputz alarmiert werden, wo die gesamte Fassade extrem baufällig ist. Die Hausverwaltungen machen es sich da oft sehr einfach, würde nämlich vor unserem Eintreffen ein Verputz-teil einen Passanten verletzen, so tragen sie dafür die gesamte Verantwortung, trifft dieses Ereignis nach unserm Eintreffen ein, so sind auch wir mit verantwortlich, und das kann für den Einsatzleiter sehr unangenehm werden. Wir können natürlich kein Gerüst aufbauen und so den schadhaften Verputz entfernen, sondern wir fahren die betroffenen Stellen mittels Drehleiter an und schlagen die losen Teile händisch ab. Muss die Drehleiter öfters einen Stellungswechsel durchführen, ist das extrem zeitaufwendig und bei stark befahrenen Strassen führt das zu umfangreichen Staus. Außerdem ist die Drehleiter in erster Linie ein Rettungsgerät für Menschenleben, und nicht für solche Einsätze vorgesehen. Daher sollte man meiner Meinung, bleibt natürlich jedem Einsatzleiter selbst überlassen, den Einsatz der Drehleiter bei solchen Einsätzen so kurz wie möglich halten, denn wie sie ja bereits wissen, haben wir pro Sektion nur eine Drehleiter. Heutzutage bin ich selbst Kommandant und halte es so, wie eben beschrieben, denn ich finde dass wir den Fachfirmen keine Konkurrenz bieten sollten, welches aber auch in den Feuerwehrgesetzten verankert ist.

Sind geringe lose Verputz-teile, so sind sie per Drehleiter zu entfernen und die Hausverwaltung an eine Baufirma zwecks Instandsetzung zu verweisen, ist die Fassade so baufällig, dass ein kurzer Einsatz nicht ausreichend ist, muss eben der betreffende Gehsteig gesperrt werden. Das klingt jetzt sehr einfach, ist es aber nicht, denn befinden sich Geschäftslokale, Hauseingänge oder Schanigärten in den betroffenen Bereichen ist ein einfaches Sperren nicht zulässig. Am einfachsten ist es, wenn sich im betreffenden Bereich nur ein Hausfront mit Fenstern befindet, hierzu lassen wir den Gehsteig von der MA 48 sperren und verweisen gemeinsam mit der Baupolizei auf eine baldigste Renovierung. In solchen Fällen beeilen sich die Hausverwaltungen meist in eigener Sache, der Grund ist einfach, für die Sperrung des Gehsteiges von der MA 48 wird eine tägliche Standgebühr eingefordert. Leider sind diese Fälle die seltensten, sonder wie bereits erwähnt, haben wir Hauseingänge oder eben Schaufenster an den betreffenden Gehsteigen. Hier sind uns ein wenig die Hände gebunden, und in den meisten Fällen ist ein Organ der Baubehörde notwendig. Handelt es sich nur um einen Hauseingang oder Geschäftseingang, so haben wir die Möglichkeit, mittels Bauholz ein Schutzdach über den Eingang zu errichten, und so den Hausbewohnern ein sicheres Verlassen bzw. Betreten ihres Hauses zu gewährleisten. Befinden sich aber Schanigärten oder eben Auslagen in den gefährdeten Bereichen, so muss das Organ der Behörde entscheiden, wie weiter verfahren wird.

Ein wenig komplizierter, aber auch gefährlicher stellt der Einsatz „loses Mauerwerk" dar, im Prinzip der gleiche Einsatz wie der des losen Verputzes, nur eben, dass Mauerteile herabfallen zu drohen. Unter Mauerteile sind in den häufigsten Fällen Gesimsteile gemeint, welche den obersten Mauerabschluss eines Hauses bilden.

Jetzt haben wir ja schon einige Einsätze erlebt und ich denke, dass es an der Zeit ist, den Branddienstkurs in Floridsdorf wieder zu verlassen und eine Ablöse ins Haus stehen zu lassen. Die Zeit bei der Berufsfeuerwehr vergeht wie im Fluge, und viele können es nicht glauben, aber man gewöhnt sich an den Dienst. Ehrlich gesagt könnte ich mir keinen anderen Dienst mehr vorstellen, ich genieße oft das zuhause sein unter der Woche. Natürlich birgt es auch manchmal familiäre Probleme, wenn man an Wochenenden oder an Feiertagen arbeiten muss, aber ich finde das Positive überwiegt bei unserem Dienst. Jetzt waren wieder acht Monate vergangen, meine Charakterzüge wurden bereits ein wenig geprägt, aber ich denke das bringt der Dienst mit sich. Ich denke, dass geht bei keinem Feuerwehrmann spurlos an einem vorbei, wenn er täglich mit solchen Einsätzen, wie ich bereits erzählt, aber auch noch erzählen werde, konfrontiert ist. Aber bei einem intakten Familienleben, bei einem ausgefüllten Privatleben, welches meiner Meinung bei solchen Berufen enorm wichtig ist, ist das Erlebte zu bewältigen.

Meine nächste Station ist die Gruppenwache Neustift, wo ich den ersten Zillenkurs zu bewältigen habe, ein Kurs der zwei Monate lang dauert. Die Wache liegt in einen der schönsten Gegenden von Wien, mitten unter den Heurigen. Da die Wache im Villenviertel liegt, es sehr wenige Wohnhäuser gibt, und der Ausfahrtsbereich sehr klein gehalten ist, hat die Wache eine der niedrigsten Ausfahrtsfrequenzen von Wien. Ich glaube Kahlenbergerdorf und Grinzing sind gerade noch ein wenig schwächer. Ich bin das erste Mal auf einer Gruppenwache, und an das muss man sich erst einmal gewöhnen. Ich denke man könnte es mit einer kleinen Familie vergleichen, obwohl der Vergleich doch ein wenig weit hergeholt ist, denn ein Familienleben stell ich mir doch anders vor, wie ich es hoffentlich auch praktiziere. Aber ich möchte damit sagen, dass es für mich ungewöhnlich war, dass wir nun nur noch sechs Personen auf der Wache waren. Auf den beiden anderen Feuerwehren waren wir immer mindestens dreißig Leute, und da hat man immer, egal zu welcher Zeit oder an welchen Ort man ist, einen Gesprächspartner. Da ich ja selbst eher die ruhige Person bin, nicht immer und ständig Gesellschaft um mich benötige, sollte mir diese Art von Wacheleben eigentlich liegen, aber komischer Weise fühle ich mich auf Hauptwachen wohler. Vielleicht sind es auch die Möglichkeiten, die ich auf der Gruppenwache doch reduzierter vorfinde, ich denke da an die Sportmöglichkeiten, meistens gibt es auch keine Sauna, oder hatte ich einfach Pech mit meinen Kollegen. Eines muss man jedenfalls beachten, auf einer Gruppenwache ist man auf die anderen fünf angewiesen, passt die Partei nicht zusammen, gibt es Differenzen untereinander, kann das Wacheleben zur Qual werden. Natürlich ist der Gruppenkommandant und die Nummer eins von großer Tragweite, hat der Wachkommandant seine Gruppe im Griff, gibt es eine gute Arbeitsaufteilung, und helfen alle zusammen, dann trägt das unheimlich viel zum Klima bei. Auf der Hauptwache gibt es eine fixe Einteilung, wer das Essen zubereitet, dass muss man sich zum Beispiel auf der Gruppenwache selbst ausmachen, auch mit dem Einkaufen verhält es sich ähnlich. Auf der Hauptwache gibt es eine Abwäscherin, welche nach dem Abendessen die Küche wieder auf Vordermann bringt, man muss das zwar bezahlen, aber bei der Anzahl an Diensthabende Personen, ergibt das eine leistbare Summe. Auch das gibt es auf der Gruppenwache nicht, hier wird nach dem Abendessen das von den Feuerwehrmänner erledigt.

Ich habe jetzt nur einige Kriterien aufgezählt, die sich zur Hauptwache unterscheiden, und im Prinzip sind das Bagatellen, ich meine, ich bin ja nicht zur Erholung dort, aber wenn man 24 Stunden in solch einem Haus verbringen muss, ich möchte ja denn Begriff „Eingesperrt" nicht unbedingt erwähnen, dann sind eben solche Bagatellen manchmal ausschlaggebend, dass einem ein Dienst angenehm oder eben nicht erscheint.

Ich muss ehrlich zugestehen, dass mir der Dienst auf meiner ersten Gruppenwache nicht gefallen hat, liegt erstens am Gruppenkommandanten, irgendwie konnte ich mit ihm nicht warm werden, wenn sie sich denken können, was ich meine. Mit anderen Worten könnte man auch sagen, dass ich ihn nicht ausstehen konnte. Auch die anderen Kollegen würde ich nicht in die Kategorie nett und zuvorkommend einordnen. Aber mit ein Grund waren auch sicherlich die Tätigkeiten, die ich zu erledigen hatte, einerseits gab es keine Ausfahrten, und andererseits war der Zillenkurs eine Ausbildung, die mir gar nicht gefiel.

Die Ausbildner des Zillenkurses agierten und verhielten sich so, als wäre dieser Kurs das um und auf der Berufsfeuerwehr, das mir schwer gegen den Strich ging, sie taten oft so, als wäre man ein schlechter Feuerwehrmann, nur weil man die Zille nicht perfekt führen konnte. Ich muss ehrlich zugestehen, würde ich den Kurs heutzutage machen, würde ich mir gewisse Sachen nicht mehr gefallen lassen, aber gut im gesetzten Alter sieht man gewisse Dinge einfach anders. Möchte nicht obergescheit sein, aber die Offiziere der Feuerwehr hatten meinen Gedanken Recht gegeben, denn mittlerweile ist der Kurs aus der Ausbildung fast zur Grenze gestrichen worden, nur mehr drei Tage werden in der neuen Grundausbildung dem Gewicht gegeben. Nur zum Vergleich, ich musste noch vier Monate auf der Donau verbringen, musste mich mit vielen anderen Kollegen täglich demoralisieren und anschreien lassen, und nur deswegen, weil man nicht genauestens ihren Vorstellungen entsprach. Ich hab es ja schon erwähnt, heute würde ich dagegen etwas unternehmen, denn Schreien ist Schwäche, und man kann auch anders unterrichten, die meisten beweisen es heutzutage.

Es soll aber bitte nicht die Meinung entstehen, dass ich den Kurs unnötig finde, nein im Gegenteil, gewisse Übungen und Handhabungen sind von großer Wichtigkeit für einen Feuerwehrmann. Es ist von Nöten, dass jeder Feuerwehrbeamte eine Zille führen kann, sowohl mit Ruder im seichten Gewässer oder stromabwärts, als auch mittels Schubstange gegen den Strom, aber das ist auch schon alles. Vielleicht noch ein wenig Knotenkunde und theoretische Erklärungen über den Bootsbestand und deren Aufbau bei der Berufsfeuerwehr Wien.

Von den Ausfahrten her kann ich in diesen beiden Monaten sehr wenig berichten, denn unter Tags waren wir ja an der Donau und somit außer Dienst, und ab 17 Uhr hatten wir sehr selten Einsätze. Einige Male hatten wir Verkehrsunfälle im Höhenstraßenbereich, aber auch da war nichts Spektakuläres dabei.

Ich möchte die Situation gleich ausnützen, und von einer Einsatzart erzählen, die leider sehr häufig vorkommt, die Schlagkraft der Feuerwehr unheimlich gefährdet und absolut bestraft werden sollte. Ich spreche von einer Mystifikation, wo in den meisten Fällen die Feuerwehr zu einem Brand gerufen wird, fünf Fahrzeuge, also meistens eine ganze Sektion ausgeräumt ist, und nur weil gewisse Menschen daran Spaß finden. Anders kann ich mir es nicht erklären, als dass sie Spaß daran haben, oder geilt es sie auf, fühlen sie sich mächtig, wenn sie in einem Münzfernsprecher die Nachrichtenbeamten belügen, ich weiß es nicht, was in solchen Menschen im Moment vorgeht. Eines weiß ich ganz gewiss, überlegen tun sie in keinster Weise, denn wenn man bedenkt, dass wir mit Vollgas zur Einsatzstelle fahren, und somit natürlich Risiken für so etwas eingehen, dann ist das Wahnsinn. Das nächste Problem ist, das eben zu diesem Zeitpunkt, und das kann schon über eine Zeitspanne von bis zu dreißig Minuten gehen, eine Sektion nicht einsatzbereit ist, welches fatale Folgen haben kann. Man bedenke nur, dass nur wenige Minuten später, wirklich etwas passiert, Kinder oder Erwachsene die Feuerwehr dringend benötigen, und dann lange, manchmal dann zu lange auf sie warten müssen. Natürlich haben die keine Ahnung warum das Eintreffen der Fahrzeuge so lange dauert, und verurteilen dann verständlicherweise die Feuerwehr, und wir können das nur über uns ergehen lassen. Deswegen bin absolut dafür, dass solche Personen dafür Strafe bezahlen, wenn man sie erwischt, welches leider in den meisten Fällen nicht zu trifft. Vielleicht auch ein kleines Anliegen an die Eltern aller Kinder, bitte erklären sie in Ruhe was die Folgen solcher Anrufe sein können und das sich solche Aktionen nicht in die Kategorie Mutprobe einordnen lassen. Ich muss aber auch zugeben, dass in den wenigsten Fällen, Kinder die Verursacher solcher Mystifikationen sind, leider sind es Erwachsene, aus welchem Grund auch immer, wie gesagt keine Ahnung und kein Verständnis.

Der Sommer ging auch vorüber und die nächste Ablöse war greifbar, ich freute mich schon auf Ende September, denn da durfte ich wieder auf meine Wache Hernals. Es ging dahin und mein bereits dritter Kurs stand an, der technische Hilfsdienst. Ich habe darüber nicht berichtet, aber natürlich hatte ich auch im Branddienstkurs zwei Prüfungen, und im Zillenkurs eine Prüfung zu absolvieren. Um kurz Revue passieren zu lassen, ging es mir im Branddienstkurs bei beiden Prüfungen ausgezeichnet, hatte keinerlei Unsicherheiten und beendete beide mit voller Punkteanzahl. Beim Zillenkurs schaute die Situation schon ganz anders aus, ich war ein wirklich schlechter Zillenfahrer, vielleicht hat es auch mit meiner Körpergröße zu tun, dass ich einige Probleme hatte. Bei geringerer Größe kann man den Druck auf die Schubstange nicht so gut übertragen, man benötigt auch mehr Kraft, als Technik, na ja, und wenn die weg ist. Mit ein Grund war auch sicherlich meine Einstellung, ich bin in keinster Weise ein Wasserratte, wie man das oft so schön im Wienerraum betitelt, es kostete mich jedes Mal eine Überwindung, mich in die Zille zu setzen. So wirklich für wichtig hab ich es auch nicht gehalten, und somit kann da kein gescheites Ergebnis herauskommen. Also ging ich mit einer gewissen Unsicherheit zur Prüfung, welche hauptsächlich aus dem praktischen Teil bestand. Anfangs mussten wir vom Stützpunkt Kahlenbergerdorf das kurze Hafengebiet hinaus rudern, beim Zusammentreffen mit der Donau, gegen die Strömung mittels Schubstange am Uferrand sich hinaufbewegen. Der zu prüfende Offizier stand am Wurf und beobachtete unsere Übungen. Da jeder Beamte das gleiche Programm Vollrichten musste, brauchte er nur in Sichtweite stehen. Wir mussten Schwämmer fangen, das sind Holzkegeln, welche zu ertrinkende Personen darstellen sollen, die wir mittels Zille im treibenden Wasser einfangen mussten. Am Plan standen noch weitere drei bis vier Übungen, da jedoch das Wetter an diesem Tag sehr unbeständig war, durften wir nach kurzer Absprache zwischen Offizier und Ausbildner den Hafen ansteuern und es ging zur theoretischen Prüfung. Ich muss ehrlich zugeben, ein Glückstag für mich, denn bei den anderen Übungen hätte ich höchst wahrscheinlich einen Punkt liegen lassen, so aber konnte ich auch diese Prüfung ohne Punkteverlust hinter mir lassen.

Jetzt hatte ich noch den technischen Hilfsdienst und den zweiten Zillenkurs vor mir, dann wären meine Grundkurse zu Ende und ich könnte mich für eine Sparte entscheiden. Eigentlich weiß ich gar nicht warum, aber für mich stand vom ersten Tag an fest, ich bleibe im Branddienst. Auch wenn ich im Fahrdienst schon nach etwa sechs Jahren Löschmeister geworden wäre, im Nachrichtendienst nach etwa acht Jahren, es mir in Summe um vieles mehr Geld gebracht hätte, ich hatte mich entschieden. Mein Plan für die nächsten Jahre war, dass ich die beiden Kurse noch gut absolviere, schielte dann mit einem Auge auf einen fixen Platz auf der Hauptfeuerwache Hernals, und dann fehlte natürlich noch die Meisterschule in Favoriten. Aus heutiger Sicht kann ich behaupten, dass meine Vorstellungen zu fast einhundert Prozent aufgegangen sind, mit dem kleinen Wermutstropfen, dass ich im technischen Hilfsdienst einen Punkt abgegeben habe, aber sonst entsprach es dem, was ich mir vornahm. Möchte aber doch ein wenig langsamer vorgehen, auch wenn ich schon ein paar Dinge vorweg genommen habe. Also standen zunächst acht Monate in Hernals am Programm, wo neben dem Kurs, natürlich auch wieder einige interessante Einsätze absolviert wurden, das werde ich im nächsten Kapitel erzählen.

Technischer Hilfsdienst, zweiter Zillenkurs, natürlich wieder Einsatzerzählungen

Diesmal fühlte ich mich um einiges wohler, als beim ersten Dienst in Hernals, es war alles so vertraut, die Kollegen empfingen mich freundlich. Anfangs war nur die Alarmfrequenz eine Umstellung für mich, vor allem in der Nacht war ich es nicht mehr gewöhnt aufzustehen. Da ich diesmal keinen Küchendienst, oder andere administrative Arbeiten erledigte, fuhr ich auch sehr oft 3. BLF, und da hat man in der Nacht fast immer zumindest eine Ausfahrt. Es dauerte keine fünf Wochen, seit die Ablöse vorbei war und ein Einsatz ereignete sich, woran ich mich heutzutage in manchen Lebenssituationen noch erinnere. Ich glaube nicht, dass man es als traumatisches Einsatzerlebnis bezeichnen kann, denn die Erinnerungen lösen keine Beängstigung aus, es passiert auch meistens unter Tage. Worauf ich noch nicht gekommen bin, ist, wann dieser Auslöser in meinem Unterbewusstsein aktiviert wird, ich kann es keiner bestimmten Lebenssituation zuordnen. Manchmal sitze ich im Auto und plötzlich erinnere ich mich an diesen Einsatz, andermal aber spreche ich mit Personen und plötzlich, auch wenn es nur für Bruchteile von Sekunden auftaucht, kommen mir Szenen des Einsatzes in den Sinn. So schnell sie kommen, so schnell verschwinden sie auch wieder, diese Erinnerungen, eigenartig, irgendetwas Bedeutendes muss damals schon ins Unterbewusstsein aufgenommen worden sein.

Es war ein kühler Herbsttag, Anfang November, ein Wochentag, die Uhrzeit zeigte beim Alarm 21 Uhr 30. Laut Ausrückeordnung fährt zu dieser Einsatzart, nämlich verdächtiger Feuerschein, ein Gruppenfahrzeug und zwar das 1.BLF. Ich fuhr an diesem Tage die Nummer 2, das bedeutet bei einem Brand würde ich den Atemschutz tragen, bis zu diesem Zeitpunkt hatten wir erst eine Ausfahrt, ein TUS Brandmelder. Diese Art des Einsatzes möchte ich als nächsten Punkt beschreiben, aber kommen wir zurück zu dem verdächtigen Feuerschein. Ein Einsatz welcher für den Gruppenkommandanten einen unangenehmen Beigeschmack herbeiführen kann, denn im Prinzip kann diese Alarmierungsart jegliche Gefahr bis hin zur Mystifikation oder auch Irrtum beinhalten. Wiederum solch eine Situation, wo man sich auf der Hinfahrt keinerlei Konzept zurechtlegen kann, erst bei der Ankunft kann man sich ein Bild machen und dann die bestmöglichen Entscheidungen treffen.

Wir kamen in einer Gasse des 16. Bezirkes, den Namen der Gasse möchte ich wieder aufgrund der Schweigepflicht nicht nennen, um 21 Uhr 40 an. Vor dem Aussteigen ordnete unser Kommandant uns an, beim Fahrzeug zu verbleiben, er wird die Erkundung mit der Nummer eins durchführen, er erwähnte auch noch, dass wir auf Funkkanal acht gehen sollen, damit er uns jederzeit rufen kann. Beim Eintreffen an der Adresse erwartete uns bereits der Anzeiger beim Haustor, ein junger Mann, welcher im Jogginganzug nervös am Stand hin und her tappte und eine Zigarette in langen Zügen rauchte. Ich beobachtete meinen Kommandanten, wie er ihn begrüßte und der junge Mann in gestikulierenden Bewegungen seine Beobachtungen schilderte. Immer wieder schauten sie während der Erzählungen in das gegenüberliegende Haus, welches auf keinen Fall ein Wohnhaus sein dürfte, denn die Fenster waren eng aneinander gereiht und sehr hoch und schmal, es deutete auf eine Firma. Unser Kommandant, ein sehr erfahrener, ruhiger Mensch, dürften diese Erklärungen zu wenig gewesen sein, denn nun begaben sie sich alle drei in die Wohnung des Anzeigers, die Wohnung lag genau gegenüber des vorhin erwähnten Gebäudes. Nach etwa zehn Minuten kamen unsere beiden Kollegen ohne den jungen Mann wieder aus dem Haus. Ich erfuhr im Nachhinein, dass sie im dritten Stock der Nähfabrik, welches der Anzeiger wusste, Fenster beobachten konnten, welche sehr milchig von außen aussahen. Da die anderen Fenster der gesamten Fabrik aber glasklar waren, und nach Aussage des Anzeigers die besagten Fenster normal auch nicht milchig waren, wurden unsere Kollegen stutzig und mussten der Sache genauer auf den Grund gehen. Der junge Mann, welcher in der Wohnung alleine wohnen dürfte, meinte auch noch, dass er einen kurzen Feuerschein wahrnehmen konnte, als er sich vergewissern wollte, konnte er nur mehr dieses milchige, nebelige in den Fenstern erkennen. Die Gasse war doch etwas breiter, es war bereits dunkel, die Straßenbeleuchtung nicht ausreichend, kurz um, unsere beiden erfahrenen Feuerwehrmänner konnten aus der Vis a Vis Wohnung nichts genaues feststellen.

Wir stiegen alle aus dem Fahrzeug aus und begaben uns mit Einbruchswerkzeug zum Haupteingang Unser Kommandant überlegte nicht lange, er sah die robuste, vermutlich aus Stahl bezogene Türe, probierte noch mittels Sperrhaken, ob sie eventuell nicht versperrt ist, da dies nicht der Fall war, forderte er über Funk eine Drehleiter an. Wir hatten bis zu deren Eintreffen die Zeit uns vollständig auszurüsten, und die Einsatzsituation zu besprechen.

Gegen 22 Uhr traf unsere Drehleiter aus Hernals an der Einsatzstelle ein, nach kurzen Anweisungen unseres Kommandanten, wurde die Leiter in Stellung gebracht. Die Nummer eins und ich rüsteten uns mit Atemschutz aus und begaben uns in den Drehleiterkorb. Währenddessen wurde eine Löschleitung vom Gruppenfahrzeug über die Drehleiter gelegt, das Strahlrohr wurde angeschlossen und die Leitung befüllt. Der Maschinist der Drehleiter hievte uns in den dritten Stock, wo das vorhin bemerkte, milchige Fenster zu sehen war. Als wir oben angelangt waren, leuchteten wir mittels Handscheinwerfer in die Räume hinein, und tatsächlich war es im besagten Bereich des dritten Stockwerkes verraucht. Vermutlich aufgrund der Lärmentwicklung der Drehleiter wurden nach der Reihe im gegenüberliegenden Haus die Lichter der einzelnen Wohnungen angemacht und neugierige Köpfe beobachteten unser Vorhaben. Meine Nummer eins meldete per Funk sein eben Beobachtetes, und erhielt von unserem Kommandanten die Anweisung, dass wir die Scheibe des Fensters einschlagen sollen und uns in den Raum mittels Löschleitung begeben sollen. Eigentlich hätte der Kommandant ab jetzt selbst mit uns unter Atemschutz einsteigen müssen, damals machte ich mir über solche Vorgänge nicht allzu viel Gedanken. Aus heutiger Sicht, wo ich selbst Kommandant bin, würde ich sagen, ich hätte es nicht so gemacht, aber ich denke, die Überlegung des Meisters war, dass erstens die Nummer eins ein bereits sehr erfahrener Kollege ist, und zweitens eventuell einen zweiten Angriff vom Haupttor aus zu beginnen. Es ist Auslegungssache, und im Prinzip die Entscheidung des Einsatzleiters, aber die Verantwortung muss er halt dann auf sich alleine nehmen. Ich denke, dass im nach einiger Zeit, als wir bereits schon etwa 10 – 15 Minuten in der Fabrik unter Atemschutz waren, klar geworden ist, dass er nicht die richtige Entscheidung getroffen hat und Verstärkung angefordert hat.

Wir schlugen die Fensterscheibe bei Griffnähe ein, öffneten das Fenster und stiegen mit der Löschleitung über die Drehleiter in die Fabrik ein. Ich war etwa drei Meter hinter dem Rohrführer, konnte ihn jedoch nicht einmal in Konturen erkennen, der Rauch war so dicht, dass ich nicht einmal meine Hand vor Augen erkennen konnte. Meinen Atem, das war das einzige welches ich im Moment wahrnehmen konnte, versuchte ich gleichmäßig und ruhig zu führen. Unsere Löschleitung war die

Nabelschnur in die atembare Luft, mein einziger Gedanke war daher verständlicherweise, nur nicht auslassen. Nach etwa zehn Metern von der Einstiegsstelle entfernt, welches wir nur kriechend durchführen konnten, spürte ich Kabeln oder Leitungen am Rücken meines Körpers. Mein erster Gedanke war nur, hoffentlich keine herabhängenden Stromleitungen. Schwer verständlich hörte ich meine Nummer eins rufen:“ Harald, alles in Ordnung bei dir?“, ich schrie durch die Atemmaske:“ Ja, aber was sind das für Leitungen?“. Er dürfte nur das Ja gehört haben, denn Antwort bekam ich keine mehr, ich merkte nur am Ziehen der Löschleitung das es weiter ins Innere des Zimmers ging. Nach etwa einem Meter waren die Leitungen wieder weg, kamen aber plötzlich wieder vor meinem Gesicht zum Vorschein, ein Gruselfilm wäre eine Unterhaltung dagegen gewesen. Ich muss ehrlich zugeben, heutzutage wäre mein erster Weg nicht ins Innere des Raumes gewesen, sondern hätte probiert weitere Fenster zu öffnen, damit eventuell die Sicht mal besser wird. Es ging sehr langsam voran und meine Orientierung war gleich null, ständig waren Hindernisse die wir umgehen mussten, die Kabeln verwickelten sich ständig um irgendwelche Körperteile, meiner Meinung nach war die Zeit des Rückzuges gekommen. Da auch die Löschleitung sich komplett verhängt hat, musste ich ständig nach Hinten kriechen um Verwicklungen zu lösen, der Kontakt zu meinem Vordermann unterbrach total. Was ich nicht wusste war, dass auch unser Kommandant keine Funkverbindung zu meiner Nummer eins hatte, den Grund weiß ich bis heute nicht, eventuell durch den Betonbau, oder hatte er beim Kriechen am Boden etwas am Funkgerät verstellt. Da unser Kommandant die Haupteingangstüre noch immer nicht öffnen konnte, zu uns keinerlei Verbindung hatte, kam der Zeitpunkt auf Ergänzung der Löschbereitschaft zu erhöhen, der Gedanke war unsere Rettung.

Beim nach Hinten kriechen entlang der Löschleitung merkte ich, dass wir teilweise riesige aus Metall oder Eisen bestehende Körper eingekreist hatten. Manchmal war die Löschleitung über diese Gegenstände, manchmal daneben, aber auch unten durch dürften wir ein paar Mal gelangt sein, ohne dass es uns bewusst war. Die Sicht wurde in keiner Weise besser und von Feuer war keine Spur. Ich bekam es mit der Angst zu tun, denn unser Rückweg war nicht mehr leicht zu finden, da eben unsere Löschleitung so stark verwickelt war. Ich entschied mich, nach vorne zu robben und meinem Kollegen den Vorschlag zu unterbreiten, den Rückzug zu nehmen. Meine Erfahrung unter Atemschutz war noch sehr gering, die Nervosität stieg in mehr merklich, meine Atmung wurde schneller, welches unter Atemschutz sehr von Nachteil ist. Als ich endlich bei meiner Nummer eins vorne angelangt war, tastete ich mich zu seinem Gesicht hinauf und versuchte ihm zu erklären, dass wir noch einen sehr schwierigen, langen Rückweg vor uns haben und wir die Aktion abbrechen sollten. Jetzt war die Angst greifbar, denn allein an der Stimme meines Kollegen konnte ich merken, dass wir in einer verdammt heiklen Lage waren und unser Leben gefährdet war. Da die Löschleitung immer wieder bei diesen Gegenständen, die wir im Rauch nicht erkennen konnten, hängen blieb, zog er ständig mit voller Kraft an der Leitung, welches in sehr viel Kraft kostete. In normaler atembarer Luft merkt man es vielleicht gar nicht, aber unter Atemschutz sieht man es am Manometer des Atemschutzgerätes, dass man bei großer Kraftanstrengung, auch sehr viel Luft verbraucht. Meine Nummer eins dürfte noch zusätzlich ein sehr großes Lungenvolumen haben, denn er hatte um 80 bar weniger Luft in seiner Flasche, als ich, er hatte noch 60 bar in der Flasche. Vielleicht kurz zur Erläuterung, bei einer vollen Flasche von 300 bar, und einer durchschnittlichen Arbeitsleistung, wo man in etwa 40 Liter pro Minute verbraucht, kann man etwa 35 Minuten unter Atemschutz bleiben. Wir dürften mehr als 40 Liter pro Minute verbraucht haben, unser größter Fehler war aber, dass wir viel zu selten, bis überhaupt nicht, unseren Luftbestand in der Flasche überprüft haben. Die Atemschutzgeräte haben in solchen Fällen, wenn man eben nicht überprüft, eine Sicherheitsvorkehrung, die bei einem Luftbestand von 50 bar anspringt, sie macht sich akustisch bemerkbar. Laut Dienstanweisung muss man Ausmarschieren, wenn der Einmarschdruck plus der Reserve erreicht ist. In einem kleinen Beispiel würde das heißen, wenn ich bis zum Brandherd 60 bar verbrauche, so muss ich bei einem Manometer-stand von mindestens 110 bar wieder ausmarschieren. Wie man in unserem Fall sieht, unterscheidet sich die Praxis manchmal von der Theorie, wir waren vom Brandherd noch weit entfernt, kontrollierten unsern Stand nicht, hatten einen hindernisvollen Weg vor uns, und somit ein großes Problem. Außenstehende Personen können das gar nicht verstehen, denn jeder denkt sich, warum hat er das nicht so gemacht, und das so nicht, keine Frage unsere Fehler waren schwerwiegend. Aber unter Atemschutz herrscht eine gewisse Anspannung, kommt dann noch eine schlechte, bis gar keine Sicht hinzu, ein Anmarschweg mit großen Hindernissen, dann sind Erfahrung und Routine gefragt, und die hatten wir anscheinend beide nicht.

Wir hatten keine Ahnung wie weit wir vom eingestiegenen Fenster entfernt waren, aber da seine Luft nur noch etwa 8 – 10 Minuten langte, konnten wir annehmen, dass es sehr eng werden würde. Meine Nummer eins wusste, dass wir den Raum, den wir durch das Fenster betreten haben, bereits verlassen haben und uns in einem anderen Zimmer oder Vorraum befinden. Er schlug vor, dass wir in diesem Raum nach einem Fenster suchen, um uns im Notfall dort Frischluft zu holen, bis ein Rettungstrupp uns holt. Ich hatte Glück und fand auch sehr bald eines, als ich ihm es mitteilen wollte, hörte ich Stimmen, die etwas entfernt waren. Mein erster Gedanke bestätigte sich sehr bald, die Löschbereitschaft kam über das Haupttor in den dritten Stock, um uns zu suchen.

Nach der Rückmeldung unseres Kommandanten ging alles sehr schnell, er probierte weiter das Haupttor aufzubrechen, als die Kräfte ankamen, hatten sie die Türe endlich offen. Eine Löschleitung wurde gelegt, und ein Atemschutztrupp ging über das Stiegenhaus in den dritten Stock, um uns zu helfen. Der Kommandant des Atemschutztrupps wurde noch vor dem Einmarschieren darüber informiert, wo wir eingestiegen sind, damit er sich in etwa orientieren konnte.

Ich hatte meine Nummer eins noch gar nicht über das gefundene Fenster informieren können, hatte ihn ein Kollege schon am Arm und führte ihn über das Stiegenhaus ins Freie, sein akustisches Signal war bereits ausgelöst worden und heulte unüberhörbar durch das ganze Gebäude. Natürlich hatte mein Atemschutzkollege den Rettungstrupp auch über mein Dasein informiert, sie sichteten mich auch kurz danach und brachten mich ebenfalls ins Freie. Ich war sichtlich erleichtert, als ich mir die Maske abnahm und Frischluft atmete, meine fatale Lage war mir zu diesem Zeitpunkt noch gar nicht klar geworden. Wir hatten wirklich Glück, dass der Rettungstrupp uns gleich fand, denn mein Kollege hatte noch etwa 30 bar in der Flasche, als er ins Freie kam. Unsere Gruppe durfte einrücken, mein Kommandant schimpfte noch mit der Nummer eins, war sich aber auch im Klaren, dass er ebenfalls einen großen Fehler begangen hat. Für uns war der Einsatz beendet, aber natürlich für unsere Kollegen nicht, denn das Feuer war bis zu diesem Zeitpunkt immer noch nicht gefunden.

Im Nachhinein hatte ich einiges über die Sachlage des Einsatzes erfahren, und möchte es kurz Revue passieren lassen.

Mein Kollege und ich sind also im dritten Stock in die Nähfabrik eingestiegen, das Zimmer welches wir betreten haben, war etwa 30 m^2 groß und hatte drei Fenster straßenseitig. Im Raum befanden sich acht große Nähmaschinen, welche von Decken hängenden Stromkabeln versorgt wurden. Wir sind mit der Löschleitung bei zwei Nähmaschinen unten durch gegangen, was auch die störenden Kabeln erklärt. Eine Nähmaschine haben wir komplett eingekreist, deswegen hatten wir auch Probleme mit dem Weiterziehen der Löschleitung. Das Zimmer haben wir tatsächlich verlassen und sind am Gang gelandet, welcher in etwa 15 Meter lang und 2 Meter breit ist. Am Gang befinden sich fünf Fenster die in den Innenhof reichen, deswegen auch das Leichte Auffinden eines Fensters. Am Gang entlang sind einzelne Nähzimmer angebracht, am Ende des Ganges beginnt das Stiegenhaus, wo uns der Rettungstrupp gefunden hat. Der Brand selbst ist im zweiten Stock ausgebrochen, die Ursache war ein geschmolzenes Kabel einer nicht eruierbaren Maschine, die Rauchentwicklung war enorm, die Wärmeentwicklung und das Feuer im Gegensatz gering. Meine Kollegen hatten gegen 3 Uhr Früh Brand aus gegeben, der letzte Mann verließ gegen 5 Uhr Früh die Einsatzstelle.

Ich habe aus diesem Einsatz sehr viel Lehren gezogen, denke mal, meine damalige Nummer eins und mein Kommandant, der heute bereits in Pension ist, ebenfalls. Man sagt zwar, wo gearbeitet wird fallen Späne, oder der nichts macht, kann auch keine Fehler machen, dennoch muss man zu seinen Fehlern stehen und das Beste daraus machen, nämlich daraus lernen. Wie gesagt, kommt der Einsatz manchmal in meine Gedanken, aber eben nicht bösartig oder angst ergreifend, obwohl, er hätte auch anders ausgehen können, aber Glück gehört eben auch dazu.

Mein Leben ging weiter, der Einsatz löste sich immer mehr von meinen Gedanken, neue Einsatzerfahrungen kamen hinzu und der Kurs ging in die Weihnachtsferien. Zur damaligen Zeit war es noch Usus, dass man so etwa drei Tage vor dem Heiligen Abend mit Putzdienste auf der Wache beginnt, welche die Reinigungskräfte im täglichen Dienst nicht erledigen. Glücklicherweise gibt es das heute nicht mehr, man dürfte draufgekommen sein, dass wir in erster Linie für die Sicherheit der Bevölkerung da sind und nicht fürs Lampen- oder Kastenreinigen.

Zur Weihnachtszeit selbst ist es dann meistens bis Silvester ein sehr ruhiges Dienstleben, die Kollegen sind doch aufgrund der Zeit ein wenig einfühlsamer und die Ausfahrten halten sich in Grenzen, wenn nicht Wetterkapriolen dazwischenfunken. Die Mehrheit der Bevölkerung denkt, dass wir in dieser Zeit vermehrt Zimmerbrände haben, denn der Gedanke, dass Adventskränze, Christbäume oder trockenes Reisig zu vermehrten Bränden führen, ist nahe liegend. Dem ist komischer Weise nicht so, die Leute dürften große Aufmerksamkeit und Wert auf diese Gegenstände haben, auf was sie vermutlich weniger aufpassen oder Wert legen sind familiäre nahe stehende Personen. Leider fahren wir in dieser Zeit sehr oft zu Selbstmordankündigungen oder zu Unfällen in Wohnungen, wo sich bereits das Schicksal ereignet hat.

Die Einsatzart wo eine Person einen Selbstmord ankündigt wird irrsinnige Person genannt, eine Löschbereitschaft fährt diesen Einsatz an.

In diesem Jahr erlebte ich solch eine Suizid Ankündigung einer besonderen Art, an der ich noch wirklich einige Jahre danach zu kauen hatte, aber ich denke, da ging es einigen Kollegen ähnlich.

Es waren bereits einige Tage nach heilig Abend, vereinzelte Schneeflocken tanzten vor unseren Fenstern im Ausgleichsraum, der Wind war leicht böig und ich genoss gerade eine Kaffee nach einem wunderbaren Abendessen als die Drehleuchte einen

Alarm ankündigte. Der Gong folgte gleich danach und dann die Alarmdurchsage:" Kommandofahrzeug, 3. BLF, 17. Bezirk, Unbekanntstrasse 5 (Name der Strasse wurde von mir zwecks Geheimhaltung geändert), Unfall wird vermutet!", natürlich wiederholte der Nachrichtenbeamte der Zentrale die Durchsage.

Nun, was ist da eigenartig an dem Einsatz und was hat das mit einer irrsinnigen Person zu tun, wird sich berichtigender Weise der Leser fragen. Um dies eindeutig zu beantworten muss ich ein klein wenig ausholen.

Wie schon erwähnt, fährt zu einer irrsinnigen Person immer eine Löschbereitschaft, also als solch eine Einsatzart kann man es eigentlich nicht bezeichnen, obwohl es eigentlich als solches angekündigt war, aber dass konnten wir ja noch nicht wissen. Zu der Einsatzart „ Unfall wird vermutet", fährt laut Ausrückeordnung nur ein Gruppenfahrzeug, aber kein Kommandofahrzeug, dieser Aspekt kam uns natürlich sehr seltsam vor und jeder hat so seine eigenen Gedanken. Vielleicht der vollständigkeits- halber, früher, lange vor meiner Zeit fuhr ein Kommandofahrzeug zu einem Unfall in Wohnung mit, warum und wann das geändert wurde entzieht sich meiner Kenntnis. Also kurzum, war es eine eigenartige Alarmierung, die es laut Ausrückeordnung nicht gibt, und irgendwie merkte man das am Verhalten der betroffenen Beamten. Wenn man sich kurz in die Person des Gruppenkommandanten spielt, wie schon oft erwähnt, macht man sich so seine Gedanken während der Anfahrt zum Einsatzort. Wenn es jetzt aber eine Alarmierung gibt, die man vorher noch nie hörte, dann macht man sich automatisch Sorgen, Gedanken über den Einsatzablauf. Immerhin ist man für das Wohl der Mannschaft verantwortlich, meines Erachtens einer der wichtigsten Aufgaben des Kommandanten ist, dass alle seine „Schäflein" wieder gesund nach Hause kommen, aber bei solchen Aktionen ist man im Ungewissen.

Was wir auch nicht wussten, war, dass der Offizier von der Nachrichtenzentrale etwa 10 Minuten telefonisch über den kommenden Einsatz instruiert wurde. Eigentlich ist es automatisch, wenn das Kommandofahrzeug mit alarmiert wird, dass man sich relativ schnell zu den Einsatzfahrzeugen begibt um Auszufahren, eventuell der Grund, da Einsätze mit Offizieren meist eine besondere Dringlichkeit haben. So war es auch diesmal, im Laufschritt begab ich mich vom Ausgleichsraum über das Stiegenhaus in die zwei Stockwerke tiefer gelegene Fahrzeughalle, adjustierte mich und begab mich auf das Fahrzeug, dem 3. BLF. Es dauerte eine Weile bis unser Kommandant beim Fahrzeug eintraf, der Grund wurde uns nachher bewusst, der Offizier hat den Zugskommandanten, den Melder und eben den Kommandanten des 3.BLF kurz über den kommenden Einsatz aufgeklärt. Nun wussten eigentlich schon einige Bescheid was auf uns zukam, nur wir Feuerwehrmänner durften noch im Dunklen schmoren. Als unser Meister endlich auf seinem Platz im Fahrzeug saß, fuhr das Kommandofahrzeug und wir gleich dahinter Richtung Einsatzadresse. Kaum hatten wir die Wache verlassen, drehte sich unser Kommandant zu uns nach hinten um und berichtete uns vom Gespräch mit dem Offizier. Jene die ihn kannten, wussten sogleich, dass es sich um eine ernste Geschichte handelt, denn der sonst stets gut gelaunte und immer lächelnde Mensch setzte eine trübe Mine auf und sprach zu uns mit langsamen, leisen Worten. Nach kurzem Räuspern begann er folgendermaßen:" Jungs, wie ihr sicher schon erkannt habt, ist das kein normaler Unfall in Wohnung. Unser Offizier sagte uns, dass ein Kollege, der seit einiger Zeit im Krankenstand ist, eine Selbstmordabsicht in der Nachrichtenzentrale telefonisch angemeldet hat. Der Namen trägt im Moment nichts zur Sache, unser Chef möchte, dass nur zwei Feuerwehrmänner mit Werkzeugkoffer, er selbst und ich zu ihm nach oben gehen. Wir betreten die Wohnung nur ausschließlich auf Anordnung des Offiziers, da er angeblich im Besitz einer Schusswaffe ist und wir nicht wissen, wie er reagiert. Gibt es noch fragen, oder ist alles klar?", nach kurzem Warten, sagte er bevor er sich wieder in Richtung Fahrtrichtung drehte:" Nummer eins und Zwei gehen mit, die beiden anderen gehen auf Kanal 8!". Als unser Kommandant uns wieder seinen Rücken kehrte, dachte ich, dass jetzt eine wilde Diskussion über den Namen ausbrechen würde, aber ich täuschte mich, es war Mucksmäuschenstill und jeder machte sich seine eigenen Gedanken. Ich, ehrlich gesagt, machte mir nicht so viele Gedanken, vielleicht weil ich der Jüngste war, aber eventuell auch, da ich die Nummer zwei war und das beschäftigte mich im Augenblick mehr. Kurz vor der angegebenen Adresse gab der Offizier über Funk noch die Anweisung, dass nach dem Einbiegen in die Gasse des betreffenden Hauses, kein Blaulicht und Vollgetonhorn zu verwenden ist. Als wir uns in der Gasse befanden, kam es mir so vor, als würden alle Personen der umliegenden Häuser Bescheid wissen, es war niemand zu sehen, als würden sie sich in ihren eigenen vier Wänden verstecken zu versuchen, meine Nervosität nahm zu. Im Hausflur angelangt, ermahnte uns der Offizier nochmals, dass ohne seinen Anweisungen, keinerlei Aktionen zu setzen sind. Die zwei Stockwerke, welche wir nach oben schreiten mussten, kamen mir endlos vor, aber nicht weil mein Werkzeugkoffer so schwer war, sondern meine Nervosität zum Greifen nahe war. Ich ging an dritter Stelle hinter meinem Kommandanten, auch im Hausflur selbst war keinerlei Lärm oder Geräusch zu hören, gespenstisch still war es. Pro Stockwerk gab es immer vier Wohnungen, welche alle mit den selben Türen ausgestattet waren, auch das Geländer und die Wandbemalungen waren gut erhalten, endlich mal wieder eine Hausverwaltung die ein wenig auch auf das Äußere etwas gab. Kurz vor dem zweiten Stock wurde unser Chef deutlich langsamer in seiner Schrittfolge, bei der letzten Stufe vor dem Stockwerk hielt er inne. Er spähte um die Ecke und versuchte die betreffende Türe von seinem Standpunkt aus zu erkennen, er dürfte Erfolg gehabt haben, welches an seiner Handgeste, die in die rechte Hälfte der Etage deutete, zu erkennen war. Er stand immer noch an derselben Stelle, ich konnte seinen Atem hören, als er sich umdrehte und verwundert bemerkte:" Ich bin mir nicht sicher, aber von hier sieht es aus, als wäre die Türe nur angelehnt, gehen wir langsam und leise vor!". Als wir bei seiner Türe angelangt waren, konnte ich es auch erkennen, die Türe war für uns bereits geöffnet, wie wenn er auf uns warten würde. Der Offizier drückte leicht gegen die Türe, ein leichtes Knarren war zu vernehmen, dadurch zuckte er zusammen und hielt wieder inne, kurz darauf sagte er:" Herr Namenlos (Namen wurde von mir geändert), sind sie hier?". Nach kurzem Warten, er bekam keine Antwort, sagte er etwas lauter:" Herr Namenlos sind sie hier, die Feuerwehr ist jetzt da, wir werden jetzt zu Ihnen hereinkommen!". Alle geduckt und in leichter Abwehrstellung hinter dem Türstock lauschten wir, aber nichts rein gar nichts war zu hören, außer der eigenen Atmung, welche immer kürzer und kurzatmiger wurde. Als der Offizier nach etwa 15 Sekunden noch immer keine Antwort bekam, betrat er das Vorzimmer, wir folgten ihm, ich war immer noch an dritter Position. Das Vorzimmer war etwa zwei Meter breit und an die acht Meter lang, gleich rechts war eine Garderobe, wo sich ein Mantel befand. Die Wände waren tapeziert, der Boden war verfliest, der erste Eindruck erschien mir sehr ordentlich. Während er Offizier an vorderster Front das schlauchähnliche Vorzimmer Schritt für Schritt abtastete, hörten wir ihn immer wieder rufen:" Herr Namenlos, wo sind sie, die Feuerwehr ist da, bitte melden sie sich!", es blieb alles beim Alten, keinerlei Echo. Nach etwa drei Metern kam an der linken Seite eine Holztüre mit Glaseinsatz zum Vorschein, die Küche schimmerte in Konturen durch das leicht gewellte Glas, die Türe war zu. Kurz bevor unser Chef die Hand zur Schnalle bewegte, dürfte er die leicht versetzt gegenüberliegende Türe erspäht haben, sie war nur angelehnt, leichtes, dämmriges Licht leuchtete beim Türspalt heraus. Wir wechselten die zwei Meter an die gegenüberliegende Wand des Vorzimmers und gingen mit kleinsten Schritten Richtung offener Türe. Es dürfte das Wohnzimmer oder Schlafzimmer sein, denn eine Türe am Ende des Vorzimmers konnte man noch erkennen, die ebenfalls verschlossen war, sie bestand aus einem vollen Holzbeschlag. Kurz vor der Türe wiederholte unser Offizier nochmals seine immer wieder sagenden Wortlaute, aber auch diesmal kam keine Antwort. An der Wand angedrückt griff er vorsichtig mit der rechten Hand zur Türe und drückte sie leicht auf, ein Knarren war zu hören, was mir die Adern beinahe gefrieren ließ, ich stand zu diesen Moment ebenfalls an die Mauer gedrückt und hatte keinerlei Einsicht zur Türe. Jetzt stand die Türe etwa eine Meter offen, eine Holzverbau aus dunklem Kirschholz kam zum Vorschein, einige Utensilien und Vasen schmückten den Kasten, auch ein großer Fernseher stand in einer Nische eingebaut. Hinter der Türe dürfte sich die Couch oder eine Wohnlandschaft, wie sie zu dieser Zeit ja modern war, befinden, dachte ich mir als ich mir selbst ein Bild durch den Spalt machte.

Ich weiß nicht warum, aber unser Offizier hatte es irgendwie im Gefühl, dass unser kranker Kollege sich in diesem Raum befand, und er uns genau hören konnte, daher sprach er weiter mit den Worten:" Herr Namenlos, ich komme jetzt herein, bitte machen sie keine undurchdachten Dinge!". Seine Stimme war anders als sonst, wie wenn er probieren würde eine Oktave höher zu sprechen, ich konnte ihn verstehen, denn auch für ihn, einem wirklich alten Hasen in diesem Beruf, war das eine äußerst prekäre und einzigartige Situation. Wir waren am Höhepunkt unserer Nervenanspannung angelangt, der Offizier machte zwei Schritte Richtung Türe und stand jetzt genau in der Zarge der geöffneter Türe, mit dem Kopf spähte er hinter die Türe, wo er den ganzen Raum einsehen konnte. Es war für mich der bisher einzige Pistolenknall den ich erlebte, ich hoffe es bleibt dabei, es war ein dumpfer Knall, der mich aber derart zusammenzucken ließ, dass ich mich dabei erwischte, als ich irgendwie Hilfe suchend meine Hand Richtung Gruppenkommandanten streckte. Im rechten Augenwinkel sah ich unseren Offizier, wie er ebenfalls zusammenzuckte und seinen Kopf reaktionsbedingt Richtung Vorzimmer drehte. Er war aber wieder schnell bei Fassung, ohne sich umzudrehen gab er den Aviso einen RD und die SW zu verständigen, und begab sich in das Wohnzimmer. Den Koffer hielt ich immer noch verkrampft in meinen Händen, als mein Kommandant ebenfalls in den Raum ging konnte ich nicht anders, als ebenfalls zu folgen. Als ich den Raum betrat sah ich ein Bild, welches ich noch lange nachher zeichnen hätte können, denn es prägte sich in mein Gedächtnis. Wie vermutet war hinter der Türe eine Wohnlandschaft aus Polstermöbel, die etwa den halben Raum ausfüllte, in der Mitte war ein Marmortisch, auf dem ein Aschenbecher stand und zwei Zettel lagen. Der Feuerwehrmann, der sich selbst hinrichtete saß in der rechten Hälfte der Eckbank leicht geneigt, seine linke Hand zerrte ihn ein wenig nach unten, am Boden war eine Pistole zu erkennen. Seine rechte Hand lag am rechten Fuß, in den Fingern hielt er verkrampft einen Polster. Es war für meinen Eindruck sehr wenig Blut zu erkennen.

Ich stand wie angewurzelt, keinerlei Gedanken schossen mir durch den Kopf, den Koffer immer noch unter der rechten Achsel. Ich weiß auch nicht mehr wie lange ich so da stand, irgendwo im Unterbewusstsein hörte ich meinen Kommandanten, dass wir uns auf das Fahrzeug begeben sollen.

Klar dass so ein Vorfall Gesprächsstoff ist, was auch gut ist, wenn man darüber spricht und nicht alles in sich hineindenkt. Im Nachhinein habe ich dann noch erfahren, dass er mit der linken Hand geschossen hat, mit der rechten hat er sich den Polster an die Schläfe gehalten, was auch erklären könnte, warum einerseits der Knall relativ dumpf war und andererseits es verhältnismäßig wenig Blut gegeben hat. Die beiden Zettel waren von ihm, einer war ein Abschiedsbrief, der andere ein Erlaubnisschreiben, seine Organe weiter zu verwenden. Den genauen Grund habe ich nie erfahren, warum er seinem Tod so eine Szenario beifügte, aber gerüchteweise wollte er sich an seiner Frau, aber auch an der Feuerwehr rächen. Für mich war nur unverständlich wie man so etwas planen kann, meiner Meinung braucht man für so eine Aktion mehr Mut, als zum Leben notwendig ist. Ich dachte bis dato immer, ein Selbstmord ist eine Kurzschlussaktion, aber das war auf die Minute geplant. Er wusste genau, die Feuerwehr würde die Türe gewaltsam öffnen, also hat er sie angelehnt, er schloss alle Türen im Vorzimmer außer der des Wohnzimmers, wo er sich befand und wartete. Aber das Unglaublichste für mich war, dass er ja an dieser Stelle sicherlich zehn bis Fünfzehn Minuten verharren musste, denn das genaue Eintreffen konnte er nur erahnen. Was müssen einem da für Gedanken durch den Kopf gehen, meines Erachtens muss ja auch der Gedanke dabei sein, na sollte ich es doch nicht noch einmal probieren, sollte ich doch nicht einen anderen Ausweg suchen. Was ich nicht erfahren habe, war, ob er stark oder überhaupt alkoholisiert war, Flaschen konnte ich jedenfalls nicht erkennen. Seine Organe wurden jedenfalls wirklich weiterverwendet, er wurde sofort nach Eintreffen der Rettung ins nächstgelegene Krankenhaus geführt, natürlich war auch Kriminalpolizei und Staatsanwaltschaft vor Ort, Seitenweise wurden Berichte verfasst, aber da war ich schon lange eingerückt und beteiligte mich an Diskussionen im Ausgleichsraum, wo ja alles begonnen hatte, nur der Kaffeegenuss war wie weggeblasen.

Das Schöne, das Unglaubliche, das Unvorhersehbare, das Beindruckende, diese und viele andere Faktoren machen unseren Beruf so einzigartig. Man sitzt bei einem Kaffee, man liest im Zimmer, man lernt oder lehrt im Schulzimmer und plötzlich geht das Licht an und keiner weiß was in den nächsten Minuten, Stunden passieren wird, einfach unbeschreiblich, man muss es selbst erleben.

Auch der Silvester, das Neujahr vergingen und Ende Jänner kam wieder mal eine Prüfung auf mich zu, die erste Teilprüfung im technischen Hilfsdienst stand an. Bei dieser Prüfung verlor ich meinen letzten Punkt bei der Berufsfeuerwehr, dass kann ich so mit ruhigem Gewissen stehen lassen, da ich heutzutage keine Prüfungen mehr zu absolvieren habe, nur mehr Fortbildungen und Überprüfungen, die aber ohne Punktesystem bewertet werden. Die Zeit verging wie im Fluge, ich hatte eine schöne Zeit in Hernals, lernte aufgrund vieler Einsätze einiges an Erfahrung dazu und verabschiedete mich mit den Gedanken, auf jeden Fall wieder zurückzukehren. Dem war es auch so, ich dürfte einen guten und arbeitswilligen Eindruck hinterlassen haben, aber bis zu diesem Zeitpunkt hatte ich noch ein wenig Zeit, denn zuerst musste der Zillenkurs und der Schadstoffdienst absolviert werden. Dem zweiten Zillenkurs werde ich nicht viel hinzufügen, einerseits gibt es ihn heutzutage gar nicht mehr, anderseits war es eine eher unauffällige Phase meiner Ausbildung. Ich absolvierte den Zillenkurs in Strebersdorf, da die Wache aber vom Umbau betroffen war, war ich auf der Hauptfeuerwache Floridsdorf Stationiert, also ein drittes Mal, und bis dato letztes Mal hatte ich die Ehre im 21. Bezirk Dienst zu versehen. Der Kurs dauerte zwei Monate, ich bekam die gesamte Punkteanzahl, welches ich aber voreilig schon erwähnte, keine Punkte mehr gestreut zu haben. Ende September kam ich zum bereits erwähnten Schadstoffkurs, der ebenfalls acht Monate dauerte und in der Donaustadt, die damals noch eine Zugswache war, zu absolvieren war. Der Ruf eilte der Wache voraus, dass sie eine ehe ruhige Wache punkto Ausfahrten ist. Der Ruf bestätigte sich, ich lernte viel im Kurs, hatte viel Zeit Sport zu betreiben und hatte wirklich schöne acht Monate erlebt. Trotz geringer Einsätze, vor allem technischer Herkunft, hatte ich aber in dieser Zeit, von Oktober bis in das nächste Jahr in den Mai, zwei Einsätze , die es ebenfalls in sich hatten und das möchte ich als nächstes erzählen.

Der letzte Grundkurs und Einsätze, die es in sich hatten

Zugswache Donaustadt, heutzutage Hauptfeuerwache, eine Wache die bezüglich sportlicher Interessen keine Wünsche offen lässt. Es befinden sich zwei Tennisplätze, ein Fußballplatz auf Naturrasen, einer auf Kunstrasen, eine Laufbahn, eine Weit- und Hochsprunganlage, sowie eine Kraftkammer innerhalb des Wachegebäudes. Natürlich steht in erster Linie die Feuerwehr im Vordergrund, aber außerhalb der Dienstzeit sind die oben genannten Aktivitätsmöglichkeiten eine angenehme Begleiterscheinung.

Auch ich selbst war zu dieser Zeit sportlich sehr aktiv, und so nutzte ich während der achtmonatigen Dienstzeit einige der vorhandenen Möglichkeiten. Natürlich stand der Schadstoffdienst an erster Stelle, ein Kurs der sich hauptsächlich im Schulzimmer abspielt. Da sehr viel Theorie beigebracht werden muss, ist ein Fußballspiel, oder Tennisspiel nach 17 Uhr ein schöner Ausgleich.

Entweder war es von höherer Stelle ein Wink mit dem Zaunpfahl oder einfach nur Gegebenheit, dass schon am ersten Diensttag in der Donaustadt aufgezeigt wird, wie gefährlich ein Einsatz ist, der im Schadstoffunterricht gelehrt wird. Der Zeitpunkt war aus meiner Sicht relativ ungünstig, denn um diese Zeit konzentriert man sich üblicherweise schon auf das nachhause gehen, es war 05 Uh 45. Ich habe noch geschlafen als das Alarmlicht mich aus dem Schlaf riss, instinktiver weise, wie ich es komischer Weise bei jedem Alarm praktiziere, schaute ich auf meine Armbanduhr, es zeigte wie eben schon erwähnt kurz vor 06 Uhr. Da es zu dieser Zeit immer noch keinen Selektivalarm gab, sitze ich im Bett und wartete auf die Durchsage, insgeheim hoffte ich auf ein Verkehrshindernis, welches mir aufgrund der Zeit, realistisch erschien. Da ich an diesem Tage 1.BLF fuhr, hätte es mich nicht getroffen, ich hätte mich über den eigenartigen Wecker gefreut, wäre aufgestanden und meinen persönlichen Pflichten, bis zum Eintreffen des Ablösers, nachgegangen. Der Nachrichtenbeamte zerstörte meine kurz in den Sinn gekommenen Pläne mit der Durchsage:" Floridsdorf Kommandofahrzeug, 1.BLF, Donaustadt 1. und 2. BLF; 22. Bezirk, Hans Müllergasse 4 (Adresse geändert), Verkehrsunfall, Person eingeklemmt!". Laut Ausrückeordnung fährt zu so einem Einsatz ein Kommandofahrzeug und zwei Löschgruppen, da aber ein Kommandofahrzeug außer viel Erfahrung und Wissen nichts an Bord hat, darf es niemals alleine zu solchen Einsätzen alarmiert werden, also wurde das 1. BLF Floridsdorf mit alarmiert. Ein Einsatz der besonderen Dringlichkeit, es war also Schnelligkeit angesagt. Ich sprang aus dem Bett, zog Socken und Hose an, nahm mein Leibchen und rannte Richtung Fahrzeughalle. Eigentlich eine Falschinformation, denn ein Einsatz mit besonderer Dringlichkeit ist jeder Einsatz außer „KFZ Entfernung", also richtigerweise hätte es „ein Einsatz mit hohem Gefahrenpotenzial" heißen können und somit mit einem automatisch noch schnelleren Begeben zu den Einsatzfahrzeugen, als sonst. Ähnlich vergleichsweise mit der Einsatzart „Kind in Zwangslage" oder eigentlich jedem Einsatz, wo Kinder betroffen sind. Bei Beendigung der zweiten Durchsage war ich schon im ersten Stiefel und hatte mir auch schon mein Leiberl während dem Laufen angezogen.

Über Funk erfuhren wir, dass es sich vermutlich um einen Unfall mit einem Tankwagen handeln soll, der unter einer Bahnüberführung ins Schleudern geraten ist, beide Lenker, also auch der des beteiligten Pkws sollen noch eingeklemmt sein. Diese Durchsage dürfte unsere beiden Maschinisten animiert haben, noch ein wenig schneller die Einsatzadresse anzufahren, ein Einsatz, wo manchmal eine Minute den

Wartenden wie eine Ewigkeit vorkommt.

Auf der Hälfte der Wegstrecke geschah etwas, welches vielleicht ein paar unserer Kollegen, das Leben rettete. Wir mit dem 1. BLF, wir fuhren als Erster voran, überholten einen PKW an einer sehr engen Fahrbahn, und tangierten ihn leicht an seiner Stossstange. Der PKW kam leicht ins schleudern und drehte sich, eine Verkehrsinsel brachte ihn zum Stillstand. Bei Einsätzen, welcher nicht so einer besonderen Dringlichkeit unterliegen, also wo keine unmittelbare Menschengefährdung vorliegt, wird der Vorfall über Funk gemeldet und eine andere Gruppe fährt den Einsatz an. In diesem Fall reagierte unser Gruppenkommandant absolut korrekt, er ließ unser BLF anhalten, drehte sich zu uns um und meinte in ruhigem Ton:" Toni, steigst aus, beruhigst den Lenker, erklärst ihm unsere Situation, und ich schicke dir über Funk die SW. Sollte unser Einsatz nicht allzu lange dauern, holen wir dich wieder hier ab, ansonsten melde ich mich über Funk bei dir, nimmst dir das Handfunkgerät. Alles klar, Toni?". Toni, ein etwas älterer Kollege nahm das Aviso nur mit einem Nicken hin, schnappte sich den Handfunk und stieg aus. Kaum war er ausgestiegen, rasten wir Richtung Einsatzadresse weiter, bis zu diesem Zeitpunkt hörten wir von den Kräften der Hauptfeuerwache Floridsdorf noch keine Rückmeldung. Dieser kleine Zwischenfall dauerte etwa drei bis vier Minuten, welche aber eventuell Lebenswichtig waren, aber dazu gleich. Unser Kommandant gab über Funk eine Rückmeldung über das eben passierte und gab an, dass wir selbst den Einsatz durchführen werden.

Es war eine lange gerade Strasse, wo in unserer Fahrtrichtung rechts eine kleine Böschung war, dahinter ein bis zwei Baumreihen, links war der Damm, dahinter die Donau, ich schätze etwa 100 Meter von der Fahrbahn entfernt. Von weitem konnten wir den Tankwagen schon sehen, der quer über die Fahrbahn stand, tatsächlich genau unter einer Eisenbahnbrücke, der PKW war aus unserer Sicht nicht erkennbar. Die PKW, welche hinter dem Tankwagen hinterherfuhren, standen in Reih und Glied auf der rechten Fahrbahn, die Lenker waren ausgestiegen und hielten sich in der Nähe ihrer Pkws auf, ob der eine oder andere Hilfe leistete konnten wir nicht eruieren. So nahe dem Maschinisten möglich nahmen wir Stellung auf, unser Kommandant gab die Rückmeldung „Kräfte Donaustadt angekommen", danach stiegen wir aus und wollten nachsehen, ob die Lenker der beiden Unfallfahrzeuge noch eingeklemmt sind. Wäre das der Fall, hätten wir die hinter dem Tankwagen stehenden Pkws zuerst entfernen müssen, damit wir mit unseren Hydraulikgeräten näher heran konnten.

Dann ging alles blitzartig, ich hab so etwas bis dato nicht mehr erlebt. In dem Moment wo wir aus unseren Fahrzeugen sprangen, war ein plötzliches Zischen und Pfeifen aus der Richtung des Tankwagens zu hören, ein riesiger Knall, der Tank platze auf und das darin beladenen Benzin entzündete sich. Ein riesiger Feuerball bildete sich in sekundenschnelle, die Strahlungshitze war so enorm, dass unsere vordere Front des BLF leicht zu schmelzen begann. Das ausgeflossenen Benzin erreichte aufgrund der enormen Hitze sofort ihren Brennpunkt und entzündete sich, es floss in die Richtung der stehenden Baumreihen, alles was sich in deren Nähe befand entzündete sich ebenfalls. Später haben wir erfahren, dass der Feuerball Kilometer weit zu sehen war. Unser Kommandant reagierte vorbildhaft, er ließ sofort ein Schaumrohr herrichten, die übrigen Feuerwehrmänner schickte er zu den hinter dem Tankwagen stehenden Pkws, damit diese sie entfernen. Auch ich war einer dieser Männer, mit jedem Schritt näher dem Inferno, brannte es im Gesicht, es war unglaublich. Ohne unseren Hitzeschutz auf den Helmen wäre ein Herannahen unmöglich gewesen. Ich hatte Glück, in meinem Auto steckte der Schlüssel, ich hatte nur noch einen Gedanken, weg von diesem Inferno. Andere Kollegen hatten nicht so viel Glück, da hatten die Lenker ihre Schlüssel abgezogen, die PKW mussten wir dann mit vereinten Kräften wegschieben, denn von den PKW Besitzern war keine Spur mehr, ich konnte es ihnen nicht verdenken.

Während unserer Aktivitäten gab unser Kommandant natürlich eine Rückmeldung und ersuchte um eine weitere Löschbereitschaft, einem Großtankfahrzeug und um den Wechsellader Pulver. Ein Großtankfahrzeug hat einerseits 10 000 Liter an Bord, aber auch je 500 Liter Schaummittel Light Water und Mehrbereichsschaummittel. In Zusammenarbeit mit dem Wechsellader Pulver ergibt das die besten Löschmöglichkeiten gegen brennbare Flüssigkeiten.

Was wir zu diesem Zeitpunkt noch nicht wussten, war, dass die Kräfte von Floridsdorf ziemlich Zeitgleich mit uns eingetroffen sind, ich denke sogar einige Minuten früher, die beiden Lenker, welche nur geringfügig verletzt waren, retten und dem Rettungsdienst übergeben konnten. Für uns war aber zu diesem Zeitpunkt ein Vordringen zum Führerhaus des Tankwagens so oder so unmöglich.

Sie können sich vielleicht erinnern, dass ich ihnen bei dem an der Anfahrt ereigneten Unfall sagte, dass er uns das Leben rettete. Nun denken sie sich einmal, was mit uns passiert wäre, wenn wir diese vier Minuten früher angekommen wären. Wir hätten natürlich, welches wir auch vorhin vorgehabt haben, zuerst kontrolliert, ob die beiden Lenker noch eingeklemmt sind. Vier Minuten, das könnte sich genau ausgehen, dass wir sich gerade beim Führerhaus befinden würden, als der Tankwagen regelrecht explodierte, ich denke es kann sich jeder selbst ausdenken, was hätte passieren können. Daher auch der Grund meiner Annahme, dass sich die Kräfte aus Floridsdorf schon etwas früher als wir an der Einsatzstelle befunden haben, da es aus ihren Reihen ebenfalls keine Verletze gab, und sie doch zwei Lenker retten konnten, und das dauert doch seine Zeit, auch wenn sie nicht eingeklemmt waren.

Auf einem BLF befinden sich drei Kanister mit je 20 Liter Schaummittel Light Water, bei einer Zumischrate von drei Prozent verbraucht man 12 Liter Schaummittel in der Minute, bei zwei BLF`s ergibt das 10 Minuten Schaum. Ich weiß nicht ob das jetzt originell klingt, aber so war es tatsächlich, mit dieser Schaumleistung, und dieser Wurfweite unserer Schaumrohre, war es, als hätten wir hingespuckt. Während dieser 10 Minuten, erfuhr unser Kommandant über Funk, dass die beiden Lenker gerettet wurden. Inzwischen kam auch die Löschbereitschaft gestoppelt aus Floridsdorf und Leopoldstadt an, sie richteten sofort eine Zubringleitung mittels Unterwasserpumpen 15 von der Donau zu uns her. Als das Großtankfahrzeug ankam, wurde es sofort in Stellung gebracht, die Zubringleitung von der Donau angeschlossen und in Verbindung mit den Pulverwerfern wurde der Löschversuch begonnen.

Da es bereits nach 07 Uhr war, wurden inzwischen von den Beamten der Dienstgruppe B von der Wache Donaustadt zwei Löschgruppen zusammengestellt, die uns ablösen, damit wir unseren wohlverdienten dienstfreien Tag antreten konnten. Jene Löschgruppe, welche uns ablöste, kam so gegen 07Uhr 15 an der Einsatzstelle an, um halb 8 Uhr waren wir auf unserer Wache.

Der Einsatz selbst dauerte noch bis gegen Mittag, es waren ständig bis zu fünf Löschgruppen und diverse Sonderfahrzeuge vor Ort. Sehr Arbeitsaufwendig war das Entfernen des Treibstoffes, welches in das Erdreich gedrungen war, hierzu musste tonnenweise getränktes Erdreich händisch und mittels feuerwehreigenen Baggers abgetragen werden. Natürlich musste der komplett ausgebrannte Tankwagen ebenfalls entfernt werden, wobei die Feuerwehr ihn nur von der Fahrbahn brachte, damit der Fließverkehr wieder gegeben war, den Abtransport selbst organisierte eine Fachfirma.

Ein aufregender erster Tag in der Donaustadt, wobei solche Einsätze eher das Selbstbewusstsein heben, man über solche Einsätze gerne nachdenkt. Der hauptsächliche Grund dafür ist der, dass natürlich keine Personen zu Schaden kamen, auch der Actioneffekt ist natürlich enorm gewesen, die extrem schnelle Brandausbreitung war eindrucksvoll. In den Unterlagen wird oft seitenweise von solchen Einsätzen berichtet, welche Gefahren und Besonderheiten hierbei auftreten können, aber wirklich erleben tun solche Einsätze nicht allzu viele Beamte, ich darf mich glücklicherweise hier ausnehmen.

Der Dienst nahm seinen Verlauf, ein Tag verging wie der andere, die Weihnachtsfeiertage kamen wieder auf uns hinzu und leider musste ich wieder einmal ansehen, wie ein Familienglück zerstört wurde. Das ist irgendwie ein seltsames Gefühl, man vollbringt eine Tätigkeit auf der Wache, ganz egal was es ist, es alarmiert, man absolviert den Einsatz, und nachher kehrt man zu seiner Tätigkeit zurück, als wäre nichts geschehen. Aber es ist gut so, denn man kann nicht mit jeder Familie, mit jedem Schicksal Mitleid haben, da würde man in kürzester Zeit daran zu Grunde gehen. Eine Krankenschwester, ein Arzt, sie müssen ähnlich wie wir denken, das Abschalten nach der Dienstschicht ist da enorm wichtig, aber auch das darüber reden bei außergewöhnlichen Ereignissen ist ein wichtiges Faktum um ein normales Privatleben zu vollziehen. Alle jene, die das nicht können, werden über kurz oder lang ihren Beruf nicht mehr lieben und ihn verlieren.

Die Weihnachtszeit, ich erwähnte es schon einmal, eine grausame Zeit für Alleinlebende oder alleingelassene Personen. Immer wieder erlebe ich zu dieser Zeit Einsätze, wo Menschen psychisch so schwer angeschlagen sein müssen, dass sie ihrem Leben ein Ende bereiten wollen, egal was sie da hinterlassen. Für mich immer wieder furchtbare Minuten, wenn Angehörige der betroffenen Person den Moment erleben oder darüber erfahren. Die Polizeibeamten sind in den meisten Fällen soweit menschlich, aber auch darüber eingeschult, dass sie den Angehörigen den Anblick ersparen, wie sie sich hinrichtete. Oft aber ist noch gar keine Polizei am Einsatzort, oder es ergeben sich Situationen, dass es nicht vermieden werden kann, und dass ist besonders tragisch, es endet dann auch meistens mit Nervenzusammenbrüchen.

Ein solches Ereignis passierte uns in der Weihnachtszeit, als ich in der Donaustadt Dienst versah. Es war so gegen 17 Uhr, drei, vier Tage vor dem heiligen Abend, als uns das Alarmlicht das Abendessen verpatzte. Ein Unfall wird vermutet, so sagte der Nachrichtenbeamte über die Lautsprecher, eine Aufgabe für das 2.BLF. Man geht einfach seiner Pflicht nach, man lässt sein Essen stehen, begibt sich in die Fahrzeughalle, zieht seine Uniform an und setzt sich auf das Fahrzeug. Wenn man glückt hat, und es gibt Beamte die entweder kein Essen haben oder schon gegessen haben, dann springen sie für einen ein und fahren für ihn aus, damit man sein Nachtmahl in Ruhe fertig essen kann. Nun gut, für mich ist an dem Tag jedenfalls keiner eingesprungen, und so begaben wir uns zur Einsatzadresse. Eine Einsatzart, die ich besonders von Hernals her kenne, in den meisten Fällen reine Routine. Nachbarn, Verwandte, Hilfsorganisationen vermuten einen Unfall in einer Wohnung, die Rettung wird alarmiert, welche wiederum uns holt, da sie ja keinerlei Möglichkeiten haben, die Wohnungstüre zu öffnen. Der Einsatzleiter entscheidet dann vor Ort, ob über die Türe, das Fenster oder dem Balkon die Wohnung betreten wird, in gewisser Weise ein Bauchgefühl, aber sicherlich auch eine Erfahrung, um die Kosten und Nutzen abzuwägen. Damit meine ich, dass es sicherlich ratsam ist, eine Fensterscheibe einzuschlagen, als eine Türe probieren zu öffnen, welche drei Schlösser aufweist.

Auf der Fahrt zur angegebenen Adresse hatte ich, da ich Nummer vier fuhr, einen Fensterplatz, der Regen welcher vor kurzem leicht einsetzte prasselte gegen meine Scheibe, und ich dachte, wieder mal keine weiße Weihnachten in Wien. Die Menschen irrten hektisch durch das Geschehen, immer öfter wird das Fest der Liebe und Hingebung gegen ein wirtschaftliches, hektisches Desaster eingetauscht. Unmut und Traurigkeit übergaben mich kurz, bis ich aus meinen Gedanken gerissen wurde, da meine Kollegen aus dem Fahrzeug sprangen, wir waren angekommen.

Ein etwa zwanzig jähriger Mann empfing uns gleich auf der Gasse, er war auch der Anzeiger, er hatte einen leichten Akzent, war mit einer Jeans, einem Rollkragenpullover und einer Lammfelljacke bekleidet. Ohne viel Umschweife erzählte er uns, dass er eben Lebensmittel einkaufen war, erst später beobachtete ich die vollen Einkaufstaschen im Hausflur, und er jetzt nicht mehr in die Wohnung hinein könne. Weiters erzählte er, dass ihn seine Mutter zum Einkaufen schickte, und sie meinte, er bräuchte keine Wohnungsschlüssel, da sie eh zuhause sei, jetzt aber nach langem Klopfen und Anläuten keiner mehr die Türe öffne. Da er nicht beweisen konnte, dass er in dieser Wohnung auch tatsächlich wohnte, andererseits war es auch gar nicht unsere Aufgabe, alarmierten wir über Funk die Sicherheitswache. Entweder war es ein Bauchgefühl des Gruppenkommandanten oder eine Hingabe des bittenden Mannes endlich etwas zu unternehmen, jedenfalls begaben wir uns in den dritten Stock, obwohl noch keine Polizei an der Einsatzstelle angekommen ist. In diesem Falle entfiel die Frage, Türe oder Fenster, da die Wohnung für eine Schiebleiter zu hoch gelegen war und die Fenster der Wohnung für die Drehleiter nicht erreichbar gewesen wären.

Es gibt eine Dienstanweisung, dass die Feuerwehr ohne Beisein der SW keine Wohnungstüre aufmachen darf, außer es ist Gefahr in Verzug. Der Begriff Gefahr in Verzug ist so zu verstehen, dass man eindeutig feststellen muss, dass die Person dringend Hilfe benötigt, also wenn man sie schreien, jammern oder sonstige Lärmgeräusche aus der Wohnung wahrnimmt. Meiner Meinung nach, und auch die Meinung sehr vieler Sanitäter ist, wenn eine Person schreit, dann geht es ihr den Umständen noch einigermaßen gut, wirklich gefährlich für das Leben der Person besteht, wenn sie sich nicht mehr bemerkbar macht. Ich muss auch ehrlich zugeben, dass ich aus heutiger Sicht, also als Gruppenkommandant, bei Unfällen in Wohnungen nie auf die SW warte, sondern immer gleich die Türe öffnen lasse, auch wenn ich dadurch aus Sicht bestimmter Personen ein Dienstvergehen eingehe. Ich nehme das in Kauf, und wenn ich in meiner gesamten Dienstzeit auch dadurch nur ein einzelnes Leben retten kann, dass ich die Türe gleich öffne und nicht auf das Eintreffen der SW warte, war es jedesmal die richtige Entscheidung. Die SW hat in letzter Zeit sehr viele Reformen über sich ergehen lassen müssen, und aufgrund von Zusammenlegung von Wachzimmern, sowie in der Zeit der Dienstablöse, kommt es oft zu enormen Wartezeiten auf die SW und dass ist meiner Meinung gegenüber der Öffentlichkeit nicht vertretbar.

Auch mein damaliger Gruppenkommandant dürfte ähnliche Gedankengänge gehabt haben, deswegen würde ich diese Entscheidung jederzeit wieder moralisch unterstützen. Als wir bei der Türe oben angelangt waren, konnten wir keinerlei Geräusche aus der Wohnung wahrnehmen, auch durch mehrmaliges starkes Klopfen unsererseits. Der Sohn war natürlich ebenfalls mit uns nach oben gegangen und stand in nervöser Erwartung hinter uns. Unser Kommandant konnte es nicht länger abwarten, und meinte noch mit leisen Worten: “Was ist, wenn ihr wirklich etwas passiert ist, probiert einmal zu klopfen!“. Mit den Worten probiert einmal zu klopfen, meint er nicht an der Türe anklopfen, sondern es soll versucht werden, ob die Türe nur geschnappt ist und nicht versperrt, hinzu wird mittels Hammer und Keil geklopft. Unsere Nummer zwei holte aus dem mitgenommenen Werkzeugkoffer die notwendigen Utensilien und setzte den Keil ordnungsgemäß an, bei gleichzeitigem leichten Druck an der Türe mittels Fuß begann er mit kurzen Intervallen zu klopfen, die Türe sprang innerhalb weniger Sekunden auf. Niemand, auch nicht die erfahrensten Feuerwehrmänner rechnen mit so einer Situation, die Türe sprang bis zur Hälfte auf, der Einblick in das Vorzimmer war sofort gegeben. Etwa zwei Meter nach der Eingangstüre befand sich sofort der Eingang in die Küche, die Räume waren durch eine Eisenzarge und einer darin eingehängten Glastüre voneinander getrennt. Wir blieben wie angewurzelt alle stehen und schauten nur auf die Dame, die sich an der Zarge mittels Seil einfach durch Hängen lassen ihres Körpers aufgehängt hat. Für Sekunden konnten wir es nicht fassen, keiner hat mit dieser Situation gerechnet, denn wer schickt den Sohn einkaufen und erhängt sich in dieser Zeit, aber wie sagte ich schon einmal, es gibt nichts was es nicht gibt! Natürlich haben wir auch in dieser Misere den Sohn total vergessen, der diese Wahnsinnstat aus seiner Position ebenfalls beobachten konnte, erst als er sich mit undefinierbaren Lauten bemerkbar machte, reagierte unsere Nummer eins und brachte ihn einen Stock tiefer. Unser Kommandant reagierte nach diesen Schocksekunden richtig, indem er die Person vom Seil trennte und versuchte ihren Puls zu suchen, leider vergebens, die Person war tot.

So schlimm es klingt, war der Einsatz für uns erledigt, wir warteten noch bis zum Eintreffen der SW, berichteten die Sachlage, übergaben den Sohn den von uns angeforderten Rettungsdienst und rückten ein.

Jetzt kann man natürlich behaupten, nach dem Einrücken ist der Einsatz abgehackt und somit vergessen, denn wie vorhin erwähnt, kann man nicht mit jedem Schicksal mitfühlen. Wenn ich jetzt zurückdenke wie viele Unfälle in Wohnungen ich bereits erlebt habe, eine Zahl zu nennen ist da schwer, aber ich sage mal 600 dieser Einsatzart, so kann ich mich tatsächlich auf fast keine Einzelheiten erinnern. Ich finde das ist auch gut so, aber es gibt eben gewisse Einsätze, die bleiben einem doch im Gedächtnis und die kann man halt nicht so einfach abhacken, denn würde ich alle Einsätze so einfach aus meinem Gedächtnis streichen können, würde ich nicht darüber schreiben. Natürlich gehen nicht alle Unfälle in Wohnungen so schlimm aus, wie dieser eben erzählte, aber ich erlaube mir zu behaupten, dass mindestens jeder Dritte dieser Einsatzart mit dem Tod endet. Würde ich jetzt bei dieser fiktiven Zahl von 600 bleiben, wären das in meiner bisherigen Dienstzeit an die 200 Tote bei Unfällen in Wohnungen. Man muss aber auch dazu sagen, dass die meisten an Altersschwäche sterben, und nur ein geringer Prozentanteil Selbstmorde, Suchtgifttote und tatsächliche Unfälle in Wohnungen beinhalten. Aber trotzdem, was ich damit sagen wollte ist, dass ich mich nur an einen ganz kleinen Prozentanteil an Einsatzsituationen wirklich erinnern kann, und das ist gut für meine Seele. Die Wenigen die in meinem Gedächtnis bleiben, die muss ich gut verarbeiten, darüber sprechen, oder eben darüber schreiben, ich denke, dass hilft auch.

Ich habe nun schon eine ganze Menge an Einsatzarten und Situationen beschrieben, natürlich hauptsächlich jene, die spektakulär und aufregend waren. Eigentlich entspricht es nicht der Realität, denn solche Einsätze sind die Minderheit, die so genannten 0815 Einsätze bestimmen eigentlich unser Tagesgeschehen.

Natürlich denkt man dann, dass die Feuerwehrleute immer im Mittelpunkt stehen, dass sie Helden sind. Die Bevölkerung denkt eben, dass wir bei der Feuerwehr Brände löschen, eingeklemmte Personen aus Autos schneiden und komischer weise Katzen von den Bäumen holen. Stimmt natürlich, diese Einsätze erledigen wir wirklich, von Bränden habe ich auch schon erzählt, von Personen aus Unfallautos schneiden werde ich als nächster berichten, einen Einsatz den ich ebenfalls noch in der Donaustadt erlebte. Warum die Leute das mit den Katzen auf den Bäumen so im Gleichklang mit der Feuerwehr bringen, ist mir nicht ganz klar, aber vielleicht wird das in den Schulen so gelehrt und erzählt. Es gibt aber sehr viele Einsätze, von denen die meisten sich nie denken würden, dass das ebenfalls wir erledigen, und das sind meistens Einsätze, wo es keine Lorbeeren zu holen gibt. Ich möchte zwei Einsatzarten kurz erläutern, jene Einsatzarten, die eben in dieses Klischee passen, einerseits das „Wegwaschen von Blut" und anderseits „Assistenzleistung für RD oder SW".

Ein Motorradfahrer wird von einem LKW gerammt, er schlägt mit dem Kopf nach mehrmaligen Überschlagen auf dem Gehsteig auf, trotz Helm gibt es einen Gehirnaustritt. Eine ältere Person geht über die Strasse, ein unachtsamer Autofahrer stößt sie nieder, auch hier ist die Person sofort tot, Blut fließt aus.

Zwei Unfälle, wo es keinerlei Behinderungen des Fließverkehrs gibt, es sind keine Personen eingeklemmt. Die beiden Toten werden vom zuständigen Institut weggeführt, die Unfallaufnahme ist bereits erledigt, nur eines ist noch vorhanden, die Spuren des Unfalles. Die SW ersucht die Nachrichtenzentrale der Feuerwehr eine Löschgruppe zu alarmieren, damit sie das Blut von der Strasse und dem Gehsteig entfernen kann, die Einsatzart „Wegwaschen on Blut" wird alarmiert.

Eine Person hält eine Geisel, die Spezialeinheiten der Polizei, in Wien die WEGA, rückt an. Eine Sicherheitstür versperrt ihnen den Zugang, sie benötigen Spezialwerkzeuge, da es mit Brachialgewalt nicht geht. Eine Person erhängt sich im Dachbodenbereich, der Amtsarzt muss den Tot der Person feststellen, dazu verlangt er aber, dass ihm jemand die Person nach Aufsteigen über eine Leiter vom Strick trennt.

Auch hier wird die Feuerwehr bei beiden Einsätzen aktiv, da es sich hier aber meistens um besondere Vorfälle handelt, wird ein Kommandofahrzeug mitgeschickt.

Einsätze die ans Gemüt gehen, die weder aufregend, noch spektakulär sind, aber es muss sie jemand machen, eine Institution die schnell vor Ort sein kann und das dafür entsprechende geschulte Personal aufweist, aber auch rund um die Uhr zur Verfügung steht, die Berufsfeuerwehr Wien.

„Verkehrsunfall, Person eingeklemmt", eine Einsatzart die die coolsten Männer zum Nachdenken und manchmal zum weinen bringt. Ich habe in meiner Dienstzeit erst so an die zehn Stück solcher Einsätze erlebt, aber ich kann mich doch fast an die Hälfte der Einsätze erinnern, zumindest an Bruchteile. Es zeigt schon, dass diese Einsätze sich einprägen, dass sie Spuren hinterlassen, und dass sie auch in unseren Köpfen verarbeitet werden müssen. Einen dieser Einsatzart möchte ich nun genauer schildern, wie gesagt ereignete er sich in der Zeit meines Schadstoffkurses, die erste Prüfung hatte ich bereits erfolgreich absolviert, die zweite stand in vier Wochen an, es war also April.

Einen lauen Frühlingsnachmittag bereitete uns der Wettergott, wir hatten den ganzen Tag gelernt, uns für die Prüfung intensiv vorbereitet, und als Belohnung machten wir uns gegen 16 Uhr ein Fußballspiel aus. Ich wärmte mich gerade auf, genoss bei Dehnungsübungen auf dem Rasen liegend die Aussicht auf den Himmel, und beobachtete wie der föhnige Westwind die Wolken vor sich her schob. Obwohl ich ein begeisterter Schifahrer bin, ist mir die warme Jahreszeit doch um einiges lieber, ich genieße es förmlich wenn mir die angenehme Frühjahrssonne ins Gesicht scheint, in diesen Augenblicken könnte ich Minuten gegen Stunden oft tauschen.

Seitlich des Platzes, neben der Laufbahn steht ein etwa drei Meter hoher Mast, am Ende der Stange ist eine Drehleuchte angebracht, welche mit dem Alarmlicht der Feuerwache gekoppelt ist, sie kündigte das Ende eines schönen Tages an. Ich blieb noch liegen und wartete auf die Alarmierung, dachte es könnte ja auch ein anderes Fahrzeug außer dem 1.BLF sein. Der Nachrichtenbeamte aus der Feuerwehrzentrale beendete endgültig mein entspanntes Dasein, er verkündete mit ruhiger Stimme: "Floridsdorf Kommandofahrzeug, 1.BLF, Donaustadt 1. und 2. BLF; 22. Bezirk Verdachtstrasse 206 (Adresse geändert), Verkehrsunfall, Person eingeklemmt!". Laut Ausrückeordnung fährt zu diesem Einsatz ein Kommandofahrzeug und zwei Löschgruppen, da aber ein Kommandofahrzeug zu Menschenrettung nicht alleine ausrücken darf, fährt in diesem Fall eine Löschgruppe als Begleitung mit.

Einer der wenigen Einsätze wo es wirklich um Sekunden gehen kann, deswegen ging auch alles sehr schnell, mein Sportgewand ließ ich an und stülpte meine Uniform nur darüber. Wir wussten, dass wir eindeutig die Ersten an der Einsatzstelle sein werden, und als wir über Funk erfuhren, dass es sich um einen Unfall mit einem Rettungsauto handelt, stieg mein Adrenalinspiegel enorm an. Den Anblick, als wir an der Unfallstelle ankamen werde ich mein ganzes Leben nicht mehr vergessen, wie wenn man in den Actionfilmen extreme Szenen nachstellen möchte. Ein Betriebsbus einer größeren Firma wollte sein Firmengelände, von der Nebenstrasse nach Einbiegen in die Verdachtstrasse (Adresse geändert), verlassen. Ein Rettungsauto bekam über Funk den Einsatz „Kind droht zu ersticken" und raste mit enormer Geschwindigkeit Richtung Stadtgrenze. Der Lenker des leeren Firmenbusses passte nicht auf oder unterschätze das heranbrausende Rettungsauto, der Fahrer des Notarztwagens reagierte zu langsam, eine Kollision mit katastrophalen Folgen war das Ergebnis.

Als wir ankamen und aus den Fahrzeugen sprangen bot sich folgendes Bild: der Rettungsfahrer und sein Beifahrer, ein Sanitäter, waren schwer eingeklemmt, der Notarzt, welcher sich im hinteren Bereich des Rettungsauto mit einem weiteren Sanitäter befand, schlug durch den Aufprall mit voller Wucht gegen die Autowand und brach sich neben starken Schnittwunden im Gesicht das Jochbein, dem zweiten Sanitäter wurde die im Rettungsauto befindliche Tragbahre zum Verhängnis. Infolge des enormen Aufpralls löste sie sich aus der Verankerung und trennte dem Helfer das linke Bein unter dem Knie ab, der Fahrer des Busses saß hinter seinem Lenkrad und hatte einen riesigen Schock.

Bei unserem Eintreffen war noch kein anderes Rettungsauto vor Ort, der Notarzt kroch gerade aus dem Unfallauto und hatte sich extrem gut unter Kontrolle. Sein Verhalten war für mich bis jetzt das Vorbildhafteste welches ich jäh erlebte, trotz seiner starken Kopfverletzung arbeitete er mit uns perfekt zusammen. Er erkannte sofort, dass der Fahrer des Notarztwagens in akuter Lebensgefahr bestand, stellte in ruhig und bat unseren Einsatzleiter, mit dem Befreien dieses Mannes zu beginnen. Da wir ja mit beiden BLF`s gleichzeitig ankamen, konnte sich das zweite Team um den Beifahrer bemühen. Während den Schneidarbeiten an den beiden Vordertüren des Rettungsautos richtete der Notarzt mit Hilfe von zwei Kollegen unserseits dem anderen Sanitäter das Bein ein und legte ihn in eine Vakuummatratze. Zuerst stockte uns der Atem, als sie ihm das Bein einrichteten, der Schrei ging bis ins Knochenmark, die Schmerzen müssen unerträglich gewesen sein, nach wenigen Minuten verlor er aber das Bewusstsein, der Notarzt hatte ihn aber unter Kontrolle. Den Beifahrer hatten wir nach etwa 10 Minuten befreit, augenscheinlich ist er den Umständen entsprechend gut davon gekommen. Ob er natürlich innere Verletzungen hatte, konnte niemand Wissen, wir erfuhren aber später, dass er bis auf die bleibende Erinnerung wieder vollständig gesund wurde. Obwohl unser Kommandant sofort bei Eintreffen an der Einsatzstelle eine entsprechend Rückmeldung gab, war nach etwa 12 Minuten Aufenthaltszeit noch kein Rettungsauto eingetroffen, ohne der Anwesenheit des schwer verletzten Notarztes wäre der Unfall sicherlich noch tragischer ausgegangen, man kann es nicht oft genug erwähnen.

Als die ergänzenden Kräfte aus Floridsdorf und die ersten Rettungsautos eintrafen, war der Beifahrer bereits befreit und lag in stabiler Seitenlage auf mehren Decken am Boden. Der Sanitäter, welcher sich im Hinterteil des Fahrzeuges befand hatte starke Beruhigungsspritzen bekommen und war in der Vakuummatratze gut untergebracht. Der Fahrer des Betriebsbusses hatte sich einigermaßen erholt und saß mit einer Decke über den Schultern im 1. BLF, der Maschinist betreute ihn mit aufbauenden und beruhigenden Worten. Der Fahrer des Rettungsautos war noch immer eingeklemmt, das Problem war der Beinbereich, hier war die Knautschzone des Unfallautos sehr gering, und somit waren seine Beine sehr stark in Mitleidenschaft gezogen. Hinzu kam, dass er vermutlich mit voller Wucht sich das Lenkrad in den Bauch schob und somit laut Aussage des Notarztes sehr instabil war. Beim Eintreffen seiner Arztkollegen dürfte das Unterbewusstsein des Notarztes ihm klargemacht haben welchen schweren Verletzungen er eigentlich erlag und er verlor sprichwörtlich den Boden unter den Füßen, nochmals ein Hoch auf ihn.

Als wir nach Durchtrennen der A- und B – Säule, sowie dem Vordrücken des Motorraumes mittels hydraulischen Zylinders, den Rettungsfahrer befreien konnten, wurde er sofort in einen Notarztwagen gebracht, wo er bis zu unserem Einrücken auch lag. Normalerweise bedeutet es nichts Gutes wenn ein Verunfallter solange im Notarztwagen liegt, denn mir erklärte einmal ein Sanitäter, dass sie ihn nur in stabiler Lage ins Krankenhaus transportieren dürfen. Die Aussage hatte sich diesmal bestätigt, laut vertrauter Auskunft und Bericht der Medien erlag der Lenker des Notarztwagens seinen Verletzungen. Die anderen Beteiligten überlebten dieses grausame Ereignis, ob der Sanitäter mit dem abgetrennten Bein wieder eine 100 % Bewegungsfreiheit besitzt bezweifle ich, habe aber auch keinerlei genauen Hinweis bekommen.

Der Tag war natürlich gelaufen, nicht auch nur ein Gedanke bewegte uns, unser Spiel nach Einrücken fortzusetzen. Wir nahmen nach Körperpflege unser bereits erkaltetes Abendessen, nach Aufwärmen durch Mikrowellen, ein und diskutierten noch bis spät abends die heldenhaften Taten des Notarztes.

Die Ära in der Donaustadt ging dem Ende zu, die zweite Prüfung des Schadstoffkurses verlief ohne nennenswerte Zwischenfälle, und auf der Ablöse stand wieder einmal „Hernals".

Es hat sich zwar bewahrheitet, dass man in der Donaustadt wenig ausfährt, aber ich muss sagen, die wenigen die ich erlebte, hatten es wahrhaftig in sich.

Meine Grundkurse hatte ich nun erledigt, hatte so in etwa fünf Dienstjahre und strebte nun eine administrative Arbeit in Hernals an, welche ich auch bekam, ich wurde wieder in der Küche mit offenen Armen empfangen.

Ich hatte nun gewisse Vorstellungen, wie ich mein Feuerwehrdasein verbringen möchte, und ich muss mir ehrlich eingestehen, ich habe es bis heute eigentlich so gelebt, wie ich es geplant habe oder wie ich es mir vorstellte.

Ich habe mir zum damaligen Zeitpunkt vorgestellt, dass es sinnvoll wäre, zuerst eine Tätigkeit auszuüben, die der Allgemeinheit dient, also wie zum Beispiel Küchendienst. Vielleicht kurz vor der Chargenschule mich wieder etwas mehr mit dem Einsatzdienst beschäftigen und nach der Schule würde ich gerne bei einer Ausbildung teilnehmen.

Ein wenig habe ich ja schon vorweggenommen, aber ob es mir auch so gelungen ist, dass möchte ich im nächsten Kapitel erzählen, natürlich werde ich es mit Einsatzerlebnissen aufwerten.

Die Wartezeit bis zur Schule, die Chargenschule selbst und mein Feuerwehrdasein danach

Gleich beim ersten Dienst in Hernals wurde ich in die Küche eingeteilt, anfangs hatte ich ein wenig Eingewöhnungsprobleme, die sich aber nach ein paar Stunden legten. Ich wurde der erste Springer für die Küche, das heißt, ist einer der drei fix eingeteilten Feuerwehrmänner dienstfrei, krank oder in Urlaub, bin ich in der Küche eingeteilt. Da man ja doch 40 zusätzlich dienstfreie Tage, fünf Wochen Urlaub und ein wenig Krankenstand hat, wurde ich so gut wie immer in die Küche eingetcilt. Für mich war es optimal, ich lernte wirklich von Anfang an alles, was man für das Kochen benötigt. Natürlich musste ich anfangs Zwiebel schälen, Gemüse putzen und Erdäpfel schälen, aber auch das gehört zum Kochen. Man lernte mir wie ich richtig mit dem Messer umzugehen habe, und so wurde ich von Tag zu Tag geschulter und flinker bei den Schneidarbeiten. Unser Küchenmeister verlangte von uns, dass wir bereits um 07 Uhr in der Küche erscheinen, um die Vorbereitungen für das Mittagessen zu beginnen.

Um 07 Uhr 30 war wie für alle anderen Kollegen das Antreten, das Fahrzeugübernehmen und das Bett machen angesagt, danach holte man sich einen Kaffee und begab sich wieder in die Küche. Da drei Köche fix in der Küche eingeteilt waren, wurde es so gehandhabt, dass jeweils ein Koch, ich meine dabei natürlich einen Kollegen, denn in Wirklichkeit war er ja kein Koch, für das Mittagessen und einer für das Abendessen zuständig war. Der Dritte, anfangs war das zurzeit immer ich, griff beiden unterstützend unter die Arme. Der Küchenmeister, eine Charge des Branddienstes war für den Einkauf und die Verrechnung verantwortlich. Bei der Feuerwehr ist es auf den meisten Wachen so Usus, dass es mittags eher etwas mit Gemüse, Nudeln oder Mehlspeisen gibt, abends dann Fleischspeisen. Den Vormittag über wurde eigentlich immer durchgehend gearbeitet, es musste ja doch so für etwa 50 Personen ein Mittagessen um 11 Uhr 15 fertig sein, selbstverständlich wurde aber auch ein Grossteil für das Abendessen bereits hergerichtet. Von Mittag bis etwa 15 Uhr hatten wir dann Freizeit, wo wir uns im Zimmer aufhalten durften, aber auch Sporttätigkeit war möglich. Die restlichen zwei Stunden reichten dann im Allgemeinen für das Abendessen aus. Selbstverständlich hat jeder Koch auch ein Einsatzfahrzeug zu besetzen, der vielleicht kleine Vorteil besteht darin, dass die in der Küche eingeteilten Personen nicht den so genannten Kampfbomber fahren, also jenem Fahrzeug, dass die gesamten technischen Einsätze anfährt, in Hernals war das zu dieser Zeit das 3.BLF.

Die Wochen und Monate vergingen, ich lernte eifrigst jeden Tag neue Erkenntnisse und bald kam die Zeit, wo plötzlich ich nicht mehr der jüngste in der Küche war. Das bedeutete plötzlich Verantwortung für ein Mittagessen oder zumindest für die Suppe beim Mittagessen. Es ist nicht ganz einfach den Geschmack von allen zu treffen, besser gesagt es ist einfach unmöglich, aber man muss Kritik vertragen und einstecken können. Andererseits freut man sich dann, wenn Kollegen in die Küche kommen um den leeren Teller in den Geschirrspüler zu stellen und ein Lob für den Koch aussprechen.

In den folgenden Jahren lernte ich auch meine ersten erhöhten Einsatzbereitschaften kennen, welches ein wirklich anstrengendes und ermüdendes Dasein bereitet. Eine erhöhte Einsatzbereitschaft wird vom Leiter der Nachrichtenzentrale dann ausgerufen, wenn von den vorhandenen 47 Löschgruppen nur mehr 17 auf den Wachen sind, er hat aber auch die Möglichkeit dies bereits bei 21

Löschgruppen auszurufen. Nun was verändert sich hier gegenüber dem Normalzustand und was können die Ursachen für so einen enormen Einsatzaufwand sein? Hauptsächlich sind die Ursachen elementare Ereignisse, also Sturmwarnung über Wien oder extreme Niederschläge in Form von Regen oder Schnee, Brände sind in den seltensten Fällen Auslöser von erhöhten Einsatzbereitschaften. Natürlich gibt es aber Ausnahmen, wie der Nationalbankbrand, der Brand der heutigen Ringstraßengalerie, dem Brand des Kaufhauses Gerngross in Mariahilf, dem Brand der Sofiensäle und selbstverständlich der Hofburgbrand.

Der Grund, warum es bei Sturm oder Niederschlägen zu so viel vermehrten Einsätzen kommt, liegt auf der Hand. Bei Sturm sind es lose Dachziegel, lose Rauchfanggruppen, lose Schilder, lose SAT Antennen, lose Blechdächer, lose Fensterflügel und umzustürzende oder bereits umgestürzte Bäume. Von uns wird in solchen Fällen der lose Gegenstand entfernt, im Dachbodenbereich oder im Haus abgelegt und die notwendigen Maßnahmen, wie zum Beispiel ein Heizverbot ausgestellt oder ein Verschließen von Dächern durchgeführt.

Bei Regen wird in den meisten Fällen die Dachbodenrinne oder die Kastenrinne verstopft, und das Wasser dringt in die darunter liegenden Wohnungen ein. Bei extremen Regengüssen kann auch der Grundwasserspiegel derart ansteigen, dass ein Überfluten von Kellern die Folge ist.

Bei starkem und lang anhaltendem Schneefall kommt es zu Dachlawinen, Eiszapfen und Verkehrshindernissen.

Ausgerufen wird die erhöhte Bereitschaft, in dem auf allen Wachen in Wien die Alarmlichter angehen und mit den Worten „erhöhte Einsatzbereitschaft“ erfolgt die Durchsage, alle bereits ausgerückten Kräfte werden über Funk verständigt.

Was ändert sich nun gegenüber dem Normalzustand, also in erster Linie werden die Einsätze in Blöcke absolviert, also man bekommt gleich vier bis fünf Einsatzdaten vom Fernschreiber und arbeitet sich nach der Reihenfolge durch. Weiters wird ständig mit Blaulicht gefahren, also auch beim Einrücken der Fahrzeuge. Alle Dienstsporte, Fortbildungskurse und Gesamtübungen sind abgesagt, die Fahrzeuge haben beim Ausrufen der erhöhten Bereitschaft sofort auf ihre Wache einzurücken. Ist die Zeit der Ablöse gekommen, also gegen 06 Uhr früh, darf trotzdem kein Beamter die Wache verlassen, wenn es nicht vorher ausdrücklich von der Dienstführung erlaubt wir. Was sich noch zum Vorteil für die Bevölkerung verändert, ist, dass bei der erhöhten Bereitschaft alle Einsätze nicht verrechnet werden, aber natürlich nur jene, die von den elementaren Ereignissen betroffen sind.

Normalerweise sagt man, dass man an Hand der Kinder erkennt, wie die Zeit vergeht, da sich zur damaligen Zeit mein Privatleben leider nicht dahin orientierte, konnte ich es an meinen Dienstjahren sehen. Obwohl eigentlich jeder Dienst nicht vorhersehbar ist, jeder Dienst nicht dem anderen gleicht, ging die Zeit vorbei, als wolle sie vor jemanden flüchten. Mittlerweile zählte ich schon neun Jahre bei der BF Wien und ich möchte fast keinen Tag missen. Mit fast meine ich eben jene Tage, wie sie schon jeder von uns erlebte, da geht eben einem alles gegen den Strich, und da freute mich es überhaupt nicht arbeiten zu gehen. Ich muss auch zugeben, dass ich meinen Beruf schon x-mal verfluchte, vor allem in den Nachtstunden. Stellen sie sich vor, sie sind einfach müde, egal ob es psychisch oder physisch ist, sie wollen einfach nur schlafen. Kaum liegt man im Bett geht das Licht an und man fährt zu einem Einsatz, den man schon hunderte Male durchführte, wie zum Beispiel „Person im Aufzug eingeschlossen“ oder „Verschließen einer Türe für SW nach Einbruch“. Ja, zugegeben, auch bei solchen

Einsätzen ereignen sich oft Situationen, welche unvorhersehbar sind, aber im Prinzip sind es 0815 Einsätze. Man erledigt seine Arbeit und möchte nur eines, zurück in sein Bett. Endlich im Zimmer angelangt, Hose, Leibchen und Socken sorgfältig am Sessel abgelegt, damit es beim nächsten Alarm auch schnell genug geht, und ab ins warme Bett. Egal welche Einsatzart, welche Erlebnisse eben erlebt wurden, kurz vor dem Einschlafen geht man den Einsatz nochmals durch, bis man endlich wieder einschläft. Experten sagen, dass dann die erste Stunde der tiefste Schlaf ist, nach Erfahrungen nach, sind diese Phasen auch die heikelsten punkto Alarm verschlafen. Man träumt oder auch nicht und plötzlich wird man wieder aus dem Schlaf gerissen, instinktiv schaue ich auf die Uhr, und da verdamme ich die gesamte Umwelt, wünschte mir Büroangestellter gelernt zu haben, wo ich jeden Tag um 16 Uhr meinen Arbeitsplatz verlassen kann, denn ich habe mal gerade 30 Minuten geschlafen. Und wieder ein technischer Einsatz, wenn ich Pech habe, ein Einsatz mit einer Verletzen Person oder gar ein Toter. Ich rücke ein, das Szenario wiederholt sich, nur brauche ich diesmal noch länger zum Einschlafen, da ich das eben erlebte schwerer verarbeiten kann. Und ohne Übertreibung, es gibt da so Dienste, wo sich das eben erzählte, noch zwei bis dreimal wiederholt, ich glaube, da ist es verständlich, wenn man seinen Beruf gerne mal an den Nagel hängen möchte bzw. verflucht.

Die Zeit ist gekommen, ich wechselte wieder mal die Wache, der Grund war die Chargenschule Branddienst. Hier erlerne ich all das, welches ich bereits in den gesamten Kursen gehört und gelernt habe, nur diesmal aus der Sicht des Kommandanten, der Kurs dauert ein Jahr und wird immer auf der Hauptfeuerwache Favoriten abgehalten. Für mich war es anfangs unheimlich schwer, mich wieder an eine andere Wache zu gewöhnen, mir war mein Umfeld schon so vertraut, meine Kollegen teilweise ans Herz gewachsen. Die größte Umstellung, die ich auch bis zum Schluss der Schule nicht verkraftete, war aber, dass ich in Favoriten kein Einzelzimmer mehr hatte. Wenn man daran gewöhnt ist, eine Privatsphäre zu haben, wo man sich zurückziehen kann, seinen absoluten Frieden findet, sich auf das Bett zu legen, die Augen zu schließen, oder auch einfach nur ein Buch zu lesen oder fern zu sehen, dann ist das etwas, welches man mit nichts anderem aufwiegen kann. Bei mir kommt noch erschwerend hinzu, dass ich einen unheimlich leichten Schlaf habe, die kleinste Störung lässt mich hochfahren. In Favoriten müssen die Feuerwehrmänner zu zweit in einem Zimmer schlafen, das einzige worauf geachtet wurde, dass wir beide vom selben Fahrzeug waren, und somit wurden keine anderen Fahrzeuge bei uns im Zimmer alarmiert, wie man liest, hat der Selektivalarm bereits Einzug gehalten. Hatte ich nun einen Kollegen, welcher spät zu Bett ging, welcher lang Fernsah oder schnarchte, dann war die Nacht für mich eine Tortur, ohne auch nur einen Alarm zu haben, welches noch schwerwiegend hinzukam, denn Favoriten ist eine sehr starke Wache punkto Ausfahren. Ich war oft so verzweifelt, dass ich samt Decke und Kopfpolster die Schlafstätte verließ und mich im Saunabereich auf die Ruhebetten, welche mit Campingbetten vergleichbar sind, legte.

Ansonsten war der Dienst so wie auf jeder Wache, nur das ich um 07Uhr nicht in der Küche meine Arbeit begann, sondern mich um 08 Uhr im Schulzimmer oder im Hof bei praktischen Übungen einfand. Nach einigen Diensten hatte ich mich auch an dieses Umfeld gewöhnt, außer natürlich das mit den Zimmern, im Prinzip stand aber von Anfang an fest, dass ich nach dieser Chargenschule wieder zurück nach Hernals möchte.

Jetzt hatte ich mittlerweile doch über neun Jahre Feuerwehr auf dem Buckel, und irgendwie fühlte ich mich die ersten Monate in Favoriten ein wenig in die Anfangsphase meiner Feuerwehrzeit zurückversetzt. Der tägliche Hakenleitergang, die ständigen Übungen im Hof, aber auch gewisse Wachearbeiten, das war ich einfach nicht mehr gewohnt. Aber es ging meinen Kollegen, die mit mir die Chargenschule absolvierten, nicht anders, welches mich wieder ein wenig beruhigte. Jeder von uns acht Schülern hatte auf irgendeiner Wache in Wien Tätigkeiten übernommen, die der Erhaltung des Systems beitrugen, und jetzt drückten wir wieder gemeinsam die Schulbank. Wir hörten viel Lehrstoff, den wir bereits kannten, also eine Auffrischung der letzten Jahre. Aber wir lernten auch sehr viel Neues, wie die Brandmeldeanlagen, die Verrechnung und natürlich die Sichtweise und Vorgehensweise eines Kommandanten.

In Favoriten gibt es sogar, in jenem Gebäude wo sich der Nachrichtenbeamte und der Offizier aufhalten, nur zwei Stockwerke über Ihnen, einen Schulungsraum, wo verschiedene Typen von Brandmeldeanlagen zum Üben für uns bereitgestellt sind. Das ist nämlich im Einsatz oft das größte Problem, dass wir mit verschiedenen Brandmeldeanlagen konfrontiert sind, wo natürlich jede Erzeugerfirma andere Bedienungen und Systeme bevorzugt. Ein Vorteil für uns, ist das so genannte Feuerwehrbedienfeld, welche die wichtigsten Komponenten, wie Zurückstellen der Anlage oder Abschalten der örtlichen Akustik, beinhaltet.

Wie funktioniert eigentlich so ein System einer Brandmeldeanlage und für was muss die Feuerwehr solche Anlagen bedienen, eine Frage, die ich mir anfänglich selbst oft stellte, jetzt weiß ich eine Antwort darauf.

In ganz Wien werden all jene Gebäude, die von Personen stark frequentiert sind, die einer besonderen Gefahr infolge Lagerung ausgesetzt sind, aber auch Garagen, große Wohnblocks und öffentliche Einrichtungen, mit einer so genannten TUS Nummer versehen. In der Nachrichtenzentrale befindet sich der Empfänger all dieser Stationen, welcher über ein Tonfrequenz System, ähnlich einer Telefonleitung, daher auch der Name TUS, empfangen wird.

Nehmen wir jetzt ein beliebiges Hotel in Wien her, es bekommt die Nummer TUS 1001, wobei es sich auch in Wirklichkeit um eine vierstellige Zahl handelt. Dieses Hotel hat jetzt eine Brandmeldeanlage, welche sich meistens im Bereich der Portierloge oder dem Empfang befindet. In jedem Raum, jedem Saal, im Zwischendeckenbereich und in den Garagen befinden sich nun Melder, die je nach Örtlichkeit Brandrauch, überdurchschnittliche Wärme, optische Veränderungen, wie zum Beispiel Brandrauch oder auch beides gleichzeitig messen und bei Auftreten der eben genannten Symptome, dies an die Brandmeldezentrale weiterleiten. Die BMZ, wie sie kurz genannt wird, leitet dies mittels Tonfrequenz jetzt an die Nachrichtenzentrale der Feuerwehr weiter, der Empfänger gibt Alarm und sagt, dass es im Hotel mit der Nummer 1001 einen Brandalarm gibt. Darauf hin bekommt der Nachrichtenbeamte den Vorschlag des Computers, welche Einsatzfahrzeuge die Adresse anfahren sollen. Ist er damit einverstanden, gibt er den Befehl dazu, in der jeweiligen Wache geht das Licht an und die Einsatzkräfte begeben sich zum Hotel. Am Alarmschreiben befinden sich genaue Richtlinien, wo sich die BMZ im Haus befindet, wie viele Betten in diesem Fall vorhanden sind und welche Ansprechpersonen im Falle eines Problems kontaktiert werden können.

Bei einem Hotel wird es solche Ansprechpersonen nicht geben, da ja sowieso immer wer vor Ort ist, wie der Portier oder der Empfang. Aber bei Wirtschaftsgebäuden ist meistens nach 17 Uhr oder an Wochenenden keiner vor Ort, und somit muss bei gröberen Problemen eine Person telefonisch erreichbar sein.

Vielleicht haben sich die eine oder andere Person schon gefragt, wie kommen wir in die Gebäude hinein, wenn da gar keiner da ist. Ein wirklich ausgeklügeltes System ist die Antwort. Jedes Gebäude, welches mit der Feuerwehr über das TUS System verbunden ist, hat bei dem Eingang, wo die BMZ am leichtesten zu erreichen ist, außerhalb des Gebäudes einen Feuerwehrsafe montiert. Auf diesem Safe befinden sich zwei Schlösser, eines vom Betreiber, also vom Inhaber selbst und eines für die Feuerwehr. Dieses Schloss der Feuerwehr ist aber mit einer Klappe versehen, die nur öffnet, wenn die BMZ im Inneren des Gebäudes einen Brandalarm schlägt. Ist dies der Fall, und der Alarm ist außerhalb der Betriebszeiten, öffnen wir die Klappe, öffnen mit unserem Schlüssel den Safe und entnehmen den darin befindlichen Schlüssel, der uns den Zugang zum betroffenen Gebäude ermöglicht.

Unser erster Weg ist natürlich zur BMZ, den dort können wir auf einen Display ablesen, welcher Melder ausgelöst hat. In den meisten Fällen ist das ganze Gebäude in Brandmeldegruppen unterteilt, also zum Beispiel der Speisesaal in die Gruppe eins, und die ist wiederum mit einzelnen Meldern unterteilt. In unserem Beispiel, bleiben wir bei dem Hotel, und im Speisesaal, brennt ein Mistkübel, welcher eine Rauchentwicklung entstehen lässt, der Melder 1/9 löst aus.

An der BMZ können wir nun ablesen, dass von der Brandmeldegruppe eins der neunte Melder ausgelöst hat, in vielen Fällen steht bereits dabei, dass es sich um den Speisesaal handelt. Neben der BMZ befindet sich ein roter Kasten mit der Aufschrift „Feuerwehrpläne", hier können wir nun ablesen wo sich die Meldegruppe eins befindet. Nehmen wir an, der Speisesaal befindet sich im Erdgeschoss, so nehmen wir uns den Lageplan des Erdgeschosses aus der Mappe heraus und suchen die Meldegruppe eins. Danach begibt sich ein Löschtrupp mit der notwenigen Ausrüstung in den Speisesaal, ist kein unmittelbarer Auslösegrund ersichtlich, so wird der betroffene Melder gesucht, in unserem Fall der mit der Nummer 9. Eine kleine Erleichterung um den betroffenen Melder auch zu finden ist eine kleine Diode, die sich bei jedem Melder befindet, im Falle der Auslösung blinkt oder leuchtet sie rot.

In unserem Fall ist dieses Suchen ja nicht erforderlich, denn den brennenden Mistkübel entdecken wir natürlich sofort, löschen ihn mittels Kübelspritze ab, lüften den Raum, damit die Verrauchung entweichen kann und begeben sich wieder zur BMZ. Wenn man die Anlage beherrscht kann man den Melder direkt zurückstellen, ist ein Portier oder Hausangestellte vorhanden, der eine Einschulung bezüglich hat, so sollte es seine Aufgabe sein. Für den Fall, dass wir im Gebäude alleine sind, haben wir nun das Feuerwehrbedienfeld, welches wir mit einem eigenen Schlüssel öffnen können, und die BMZ wieder Rückstellen können. In den Moment wo wir die Rückstelltaste betätigen, erfolgt wieder ein Signal an unsere Nachrichtenzentrale, der Empfänger sagt, die BMZ mit der TUS Nummer 1001 ist rückgestellt und somit ist der Einsatz beendet. Haben wir den Schlüssel aus dem Safe entnommen, so müssen wir ihn selbstverständlich wieder zurückgeben, die Klappe zudrücken und somit ist bis zum nächsten Alarm der Zutritt für die Feuerwehr verwehrt.

Ich muss zugeben, im Bereich der Brandmeldeanlagen und im Bereich der Verrechnung habe ich sehr viel in Favoriten dazugelernt. Meine Prüfungen über die gesamten Themen und Gebiete verliefen äußerst positiv und im Mai des darauf folgenden Jahres hatte ich mich schon ein wenig wohler gefüllt in Favoriten. Ein großer Vorteil war, dass wir Schüler untereinander ein sehr gutes Verhältnis aufgebaut haben. Wir halfen uns gegenseitig, trafen uns an dienstfreien Tagen und übten gemeinsam, und waren das eine Jahr eigentlich gegenseitig immer für uns da. Mit einem Kollegen habe ich so ein gutes Verhältnis bekommen, dass wir uns noch bis heute regelmäßig hören und sehen, auch gemeinsame Urlaube haben wir verbracht.

Am Ende unseres Schuljahres ging jeder wieder seine Wege, die meisten auf die Wache zurück, wo sie hergekommen sind, auch für mich traf es fast so zu, die Wache Neubau war meine nächste Anlaufstation.

Neubau, eine Gruppenwache, die der Sektion Hernals unterteilt ist, eine Wache wo nur sechs Leute Dienst versehen. Ich kam nach der Chargenschule als Nummer eins hin, also die Vertretung des Gruppenkommandanten, weiters hatte ich für die gesamte Koordination und Systemerhaltung auf der Wache zu sorgen, ein neues Aufgabengebiet, welche mir wieder viel Erfahrung einbrachte.

Da die jungen Kollegen untertags Kurs hatten, und den meistens auswärtig in Mariahilf oder Hernals tätigten, hatte ich neben meinen vorhin erwähnten Tätigkeiten auch für die Verpflegung der Mannschaft zu sorgen. In der Früh wurde beschlossen was wir abends essen, mittags wurde in den seltensten Fällen gekocht. Als die restliche Mannschaft gegen 8 Uhr die Wache verließ, kümmerte ich mich um die Einsatzberichte, welche in der Nacht von der Dienstgruppe B getätigt wurden, danach ging ich zu Fuß einkaufen. Wenn Fremdfirmen wegen Sanierungen oder Ähnlichem auf der Wache waren, musste ich mir meinen Plan anders einteilen, denn die Arbeiter durften auf der Wache nicht allein gelassen werden. Aber im Prinzip hatte ich an Kurstagen bis 17 Uhr Zeit, einzukaufen und zu kochen, denn da kam die Mannschaft erst auf die Wache. Für mich war es natürlich von Vorteil, dass ich in Hernals vor meiner Chargenschule sechs Jahre Küchenerfahrung gesammelt hatte, denn dies kam mir jetzt zugute, und für sechs Personen zu kochen, da war dann auch oftmals Freude auch daran. Auch wenn man als Nummer eins auf einer Gruppenwache nicht kochen kann, so muss man für die Verpflegung sorgen, denn die anderen sind den ganzen Tag kursmäßig im Einsatz. Es gibt selbstverständlich genug Alternativen, wie Fertigkost, das Schnitzelhaus und den Pizzamann, aber erstens hängt einem diese Essen nach einer Woche beim Hals heraus und zweitens ist es auch eine finanzielle höhere Angelegenheit.

Da der Neubau auch so seine fünf bis sechs Einsätze pro Dienst hat, ich mich sehr wohl füllte, vergingen die zwei Jahre, welche ich dort diente, sehr schnell.

In der Sektion fünf ist es so üblich, dass man nach einem oder zwei Dienstjahren Neubau, ein Vorrecht auf ein Jahr Steinhof hat, auf die Gruppenwache Steinhof natürlich, bevor man etwas anderes zu denken glaubt. Auch bei mir war es so, und so verbrachte ich mein 13. Dienstjahr wieder auf einer kleinen Wache, wo das Wacheleben aber doch ganz anders verläuft.

Eine Wache, die von außen wie eine kleine Villa scheint, wunderschön in den Steinhofgründen liegend. Auch dort kam ich als Nummer eins auf die Wache und im Prinzip hatte ich die selben Aufgaben wie am Neubau, da man aber punkto Einsätze um vieles weniger fährt, hat man es um vieles leichter. Noch dazu fand auf der Hauptfeuerwache Hernals gerade ein Umbau statt, und aus diesen Gründen war noch eine zweite Löschgruppe über die Zeit, auf der Gruppenwache Steinhof, wir waren also 12 Mann. Natürlich gab es nun auch zwei Nummer eins, die sich eben die Aufgaben teilen konnten, und so wurde es für mich ein erholsames und ruhiges Jahr.

Für mich persönlich ein wenig zu ruhig und ich freute mich, dass ich nach vier Jahren Abstinenz endlich wieder nach Hernals durfte, wo ich bis heute noch immer Dienst versehe.

Ein kleiner Traum ging für mich in Erfüllung, ich durfte an der Grundausbildung mitarbeiten, wo ich ebenfalls noch heute tätig bin.

Die Zeit verging wirklich schnell, und der Löschmeister kam immer näher, ein neuer Abschnitt in meiner Laufbahn. Anfangs ist es eine riesige Umstellung, plötzlich vorne zu sitzen, alles aus der Sicht des Kommandanten zu sehen. Wie oft habe ich als Nummer eins gedacht, geh bitte, was tut sich der an, warum macht er das so, warum fährt er nicht nach hause, warum ist er so pingelig. Man kann sagen was man will, als Kommandant ist es einfach anders. Gar nicht so die Angst, dass man etwas falsch machen kann, bei mir ist eher die Sorge um die Kollegen, für die man ja verantwortlich ist. Aber natürlich beginnt man auch darüber nachzudenken, was ist wenn das Feuer wieder aufgeht, was ist wenn das doch herunterfällt, und so weiter. Vielleicht ist es für viele nicht verständlich, obwohl ich denke, dass jeder Kommandant, auch wenn er noch so kühl tut, immer mit solchen Hintergedanken spielt. Ich hatte einen Einsatz, bei dem ging es um nichts, aber doch war ich über zwei Stunden dort, ein Beispiel, bei dem ich das eben geschilderte vielleicht für Außenstehende ein wenig verständlicher machen kann.

Gegen 22 Uhr, ich war in meinem Zimmer und schaute fern, ging das Licht über meiner Zimmertüre an, auf Grund des Selektivalarms wusste ich sofort, dass ich dran bin. Ich fuhr an dem Abend 1.RLF, also jenes Fahren, welches zu allen Brandeinsätzen fährt. Vielleicht bemerkt, nicht mehr BLF, sondern RLF. Einfach der Lauf der Zeit, die Zeiten werden moderner, die Fahrzeuge und deren Ausrüstung dürfen nicht nachhinken. Also im Prinzip das selbe Fahrzeug, nur eben moderner und mit neuere Ausrüstungsgegenständen ausgestattet, die uns die Arbeit erleichtern sollen. Da bei Bereitschaftseinsätzen, wie Zimmerbrand, ich das erste Fahrzeug hinter dem Kommandofahrzeug bin, und ich für das Anziehen meiner Überhose immer sehr viel Zeit benötige, schnellte ich aus dem Bett heraus. Socken, Hose und Weste hatte ich schnell an, bevor noch die Einsatzansage kam, verließ ich schon mein Zimmer. Als ich aber merkte, dass aus den anderen Zimmern keinerlei Reaktionen kamen, verlangsamte ich mein Tempo, die Ansage bestätigte mir mein Gefühl, ich fuhr alleine zu dem Einsatz, denn ich bekam „Rauchbelästigung".

Eine Einsatzart, welche gemeinsam mit „Geruchsbelästigung" zu den unerfreulichen Einsätzen als Kommandant zählt. Irgendwo, glaubt, denkt, vermutet eine Wohnpartei etwas gerochen oder gesehen zu haben, welches mit Brandgefahr in Verbindung gebracht werden kann. Natürlich ist die Sorge der Anzeiger völlig zu Recht, auch ist es richtig, dass sie uns holen, aber es wird oft übernatürliches erwartet. Ganz schlecht ist es, wenn die Beobachter dann noch den Raum lüften, wo sie es gerochen oder gesehen haben, denn dann ist es für uns sehr schwer nachvollziehbar, von wo die Verursachung kommen kann. Ausgenommen ist natürlich eine so starke Verrauchung, welche gesundheitsgefährdend ist, ist aber die Ausnahme.

Es war bereits Herbst ins Land eingezogen, wohin man schaute, jagten die bunten Blätter gegenseitig hinterher, so als würden sie untereinander spielen, einem Schauspiel, dem ich gerne beiwohnte. Die Anfahrt war nicht lange, ich drückte beim Ankommen die Taste eins am stationärem Funkgerät, nahm mir meinen Handscheinwerfer und stieg aus dem Fahrzeug. Bei solche Einsatzarten, wo man im vor hinein absolut nicht sagen kann, was einem erwartet, praktiziere ich immer, dass ich meine Nummer eins, eventuell noch einen zweiten Feuerwehrmann mit einem Kleinlöschgerät mitnehme, die anderen am Fahrzeug belasse. Da mich eine etwas ältere Dame bereits vor dem Haustor erwartete, und mir mitteilte, dass es um eine geringfügige Rauchbelästigung im Innenhof ginge, ließ ich auch den zweiten Feuerwehrmann am Fahrzeug und begab mich mit meiner Nummer eins zu der Dame in die Wohnung. Sie wohnte im zweiten Stock, eine sehr große Wohnung mit gutem Stil, vom großen Wohnzimmer geleitete sie uns auf den Balkon, der in den Innenhof schaute.

Sie meinte, dass sie immer wieder leichten Brandgeruch vernehme und kurzzeitig auch Rauch aufstiegen sah. Der Balkon mit etwa 20 m^2 groß, war spartanisch eingerichtet, möglich dass sie dem bevorstehenden Winter bereits Ehre erwiesen hat und die gesamten Gartenmöbel im Keller verstaut hat, nur ein kleiner gemauerter Griller hielt einsam die Stellung. Als ich ins Freie trat konnte ich sofort einen Brandgeruch wahrnehmen, der meiner Meinung nach, nach verbranntem Papier oder Holz roch. Jetzt begann erst die Schwierigkeit des Einsatzes, denn ein Geruch war wahrnehmbar und somit musste ich dem solange auf den Grund gehen, bis ich wusste woher er kam oder mindestens soweit, dass ich eindeutig eine Gefährdung für die anwesenden Wohnparteien ausschließen konnte. Ich bat die Dame ihr Licht im Wohnzimmer auszumachen und leuchtete den Innenhof mittels Handscheinwerfer ab. Mit Glück könnte man so feststellen, woher der Rauch kommt, wobei es bei zunehmender Dunkelheit leichter im Lichtkegel des Handscheinwerfers zu sehen ist.

Da ja die Dame nur vermutete, dass der in ihrer Wohnung wahrgenommenen Brandgeruch aus dem Innenhof stammte, dem aber vermutlich nicht so war, gingen wir die anderen Alternativen durch. Es wurde das übliche untersucht, zu dem der Keller, die Müllräume und Abstellräume gehören, auch dort konnten wir keinerlei Brandgeruch feststellen. Jetzt mussten wir die Wohnungen durchsuchen, eine um diese Zeit meist unerfreuliche Angelegenheit, vor allem in jenen Haushalten wo Kinder wohnhaft sind, da diese meist schon schlafen und dann eventuell durch uns gestört werden. Äußerst ungut sind jene Parteien, die der Feuerwehr den Zutritt verweigern. Nun muss der Kommandant abwägen, ob der Grund des Abneigens die Ursache für unseren Einsatz ist oder ob einfach Angst vor Fremden besteht. Im Prinzip habe ich als Feuerwehrmann das Recht bei Annahme einer Gefährdung die Wohnung zu betreten, wenn nötig mit Gewalt, wobei ich in so einem Fall eher Milde vor Strafe walten ließe.

Als ich vorhin bei der Anzeigerin am Balkon stand konnte ich lautes Stimmengewirr über mir wahrnehmen, also fing ich mit dieser Wohnung an, da die Parteien ja auf jeden Fall noch munter waren und außerdem ebenfalls innen hofseitig gelegen waren.

Wir mussten einige Male läuten bis uns ein Teenager mit blonden Locken, mit T-Shirt und einer dunklen Jeans bekleidet, öffnete. „Sind deine Eltern zuhause?", fragte ich ihn ohne mich vorzustellen. „Nein, sie sind auf Urlaub übers Wochenende, ich bin mit meinen zwei Freunden allein zuhause", antwortete mir der in etwa 15 jährige Jüngling. „Ich bin von der Berufsfeuerwehr Wien, wir wurden wegen Brandgeruch geholt, habt ihr am Balkon irgendetwas gezündelt, geraucht oder gekocht?". Mittlerweile kamen auch seine zwei Freunde zur Türe, die Neugier dürfte sie übermannt haben, wie im Chor antworteten sie mit „Nein!". "Ich müsste mir die Wohnung und den Balkon kurz ansehen, dürfte ich?", und setzte bereits einen Fuß in die Wohnung. Ohne ein Wort traten sie zur Seite und begleiteten meinen Kollegen und mich ins große Wohnzimmer, ein modern, wirklich schön eingerichteter Raum, der durch seine Helligkeit noch größer schien. Die Jungs hatten Partiespuren hinterlassen, welche sich bis auf den Balkon zogen. Draußen am Balkon, welcher mit großen Grünpflanzen bestückt war, stand auch ein großer Tisch aus Rattan mit sechs dazugehörigen Sesseln. Kaum war ich ins Freie getreten, konnte ich wieder diesen Brandgeruch wahrnehmen, ich wiederholte erneut mein Spiel, indem ich im Dunklen mit dem Lichtkegel nach aufsteigendem Rauch Ausschau hielt. Doch diesmal hatte ich Glück, links war eine Feuermauer, die das angrenzende Wohnhaus abgrenzte, und entlang dieser konnte ich leicht aufsteigenden Rauch wahrnehmen. Mir war sofort bewusst, dass ich somit eine Gefährdung für Wohnparteien ausschließen konnte, denn als ich mit dem Lichtkegel den Innenhof ausleuchtete, konnte ich im ungefähren Bereich des aufsteigenden Rauches nur Gestrüpp und Sitzbänke wahrnehmen.

Wir bedankten uns bei den Jungs fürs Hereinlassen und begaben uns gleich in den Innenhof. Da er doch so an die 100 m^2 groß war, holten wir uns auch unsere anderen Kollegen und suchten den gesamten Innenhof nach Glutnester. Nach einer wirklich langen und intensiven Suche wurden wir fündig, im dichtesten Gestrüpp war eine Zigarette, noch leicht glosend im Erdreich vergraben. Die Zigarettenspitze erzeugt so eine hohe Temperatur, dass die Erde zu brennen beginnt, welche diesen Brandgeruch und in weiterer Folge diesen Brandrauch entstehen ließ.

Mit geringen Wassermengen war der Einsatz erledigt, gegen 00 Uhr 15 rückten wir ein, gegen 01Uhr lag ich wieder im Bett.

Nehmen wir mal an, wir hätten die Ursache nicht gefunden, ich hätte noch alle, zumindest alle Wohnungen die Fenster zum Innenhof haben, durchsuchen müssen. Wenn ich Pech habe, sind manche Wohnparteien nicht anwesend, jetzt stellt sich die Frage, ob man diese Wohnung gewaltsam öffnen soll oder nicht. Natürlich könnte ich auch sagen, tut mir leid ich finde nichts und ich rücke wieder ein, nur was dann, wenn wir nach zwei Stunden wieder die selbe Adresse anfahren, nur diesmal heißt die Alarmierung „Zimmerbrand".

Damit meinte ich die Problematik mit solchen Einsatzarten, wo oft Routine, technisches Verständnis nicht ausreichen, hier muss man auch wie in diesem Fall Glück haben.

Aber im Allgemeinen, gilt eigentlich für alle Einsätze, meiner Meinung nach das Wichtigste, dass der „Kunde" nach unserem Einrücken zufrieden ist. Das er das Gefühl hatte, die Feuerwehr konnte ihm helfen oder ihm zumindest die Erkenntnis geben, dass für Mensch und Gut keinerlei Gefährdung besteht.

Ja und so vergeht die Zeit bei der Feuerwehr, heute bin ich schon zwei Jahre Kommandant. Meine Tätigkeit beruht sich nach wie vor auf die Ausbildung der Jungmänner, und ich denke solange es mir Spaß macht und solange die anderen wollen werde ich in Hernals Dienst machen und mein Bestes geben.

Wenn ich ehrlich zu mir selbst bin, möchte ich keinen einzigen Tag bei der Berufsfeuerwehr missen, ich bin froh, dass ich damals diesen Berufsweg eingeschlagen habe. Bin auch meinen Eltern dankbar, dass sie mich da so unterstützten und mir es ermöglichten den Beruf auszuüben. Viele sagen, dass Berufe im sozialen Bereich eine Art Berufung seien, ich denke, sie haben Recht. Denn des Geldes wegen darf man es nicht machen, obwohl es spricht natürlich auch für sich, dass man für die Gemeinde Wien arbeitet, seinen Gehalt verlässlich monatlich auf sein Konto bekommt und das der Beruf auch zukunftssicher ist. Doch ich habe schon sehr viele Kollegen gekannt, die ebenfalls durch Väter, Onkeln oder anderen Bekanntenkreisen zur Feuerwehr kamen, sich Monate oder sogar Jahre durch quälten, denn so einen Beruf gibt man doch in heutiger Zeit nicht auf. Schlussendlich haben sie dann doch gekündigt, denn eine psychische Belastung ist vorhanden, und wenn man dem nicht gewachsen ist, geht man langsam zu Grunde. Auch die sportliche Ertüchtigung macht manchen jungen Kollegen zu schaffen, die ständigen Überprüfungen und Prüfungen bei der Feuerwehr sind nicht jedem seins. Nur wenn man wirklich voll hinter dem Beruf steht, seine Tätigkeit gerne ausübt, dann glaube ich, steht einem guten und verlässlichem Feuerwehrdasein nichts mehr im Wege.

Es würde mich freuen, wenn ich junge Menschen, egal ob weiblich oder männlich, auf Grund vom Lesen meines Buches, dazu bewegen könnte, diese Laufbahn einzuschlagen, und wenn sie sich dann in unserer Gesellschaft auch wohl fühlen.

Zum Abschluss würde ich mich dann noch gerne den Kollegen der freiwilligen Feuerwehr anschließen, wo ich nebenbei gesagt, diese Männer und Frauen besonders schätze, und mich mit dem Gruß

„GUT WEHR“ verabschieden möchte und allen Kollegen der Feuerwehr ein stets gutes, gesundes Nachhausekommen wünschen.

Nachwort

Um noch einige Eindrücke meines momentanen Feuerwehrdaseins zu berichten, Einsätze aus der Sicht vom Gruppenkommandanten zu erzählen und vielleicht Gedanken loszuwerden, welche die letzten Jahre angestaut wurden, habe ich das Nachwort geschrieben.

Nun bin ich seit 30 Jahren bei der Wiener Berufsfeuerwehr, habe viel erlebt, einiges gesehen und bin immer noch überzeugt, dass es ein Beruf ist, welcher prägt und verändert.

Als ich vor etwa 12 Jahren das Buch auf den Markt brachte, war ich in Hernals stationiert. Mit einer Ausnahme von einem Jahr, welches ich auf der Gruppenwache Steinhof als Wachkommandant verbrachte, versehe ich nach wie vor Dienst auf der Hauptfeuerwache Hernals. Ich bin derzeit die viertälteste Charge im Branddienst und fahre deswegen nur mehr sehr selten eine Gruppenfahrzeug. Hauptsächlich sitze ich abwechselnd auf den Wechselladern oder der Drehleiter, je nach dem, wie viele, die vor mir gereiht sind, im Dienst sind. Zu den beiden Fahrzeugen und deren Aufgaben, sowie meinen derzeitigen Aufgaben auf der Wache ein wenig später. Zuerst möchte ich in kurzen Worten erläutern, wie und wo ich die letzten 12 Jahre bei der Feuerwehr verbracht habe.

Wie ich in meinem Buch ja erzählte, war ich nach der Chargenschule etwa drei Jahre auf den Gruppenwachen Neubau und Steinhof, danach wieder auf meiner Stammwache Hernals. Seit diesem Zeitpunkt beschäftigte ich mich in erster Linie mit der Ausbildung von jungen Feuerwehrmännern. Anfangs noch als Feuerwehrmann, danach als Charge, zuletzt als Koordinator der Grundausbildung technischer Teil. Die Ausbildertätigkeit absolvierte ich eigentlich bis zum Schluss dieses Systems, also September 2015, wo ja die Feuerwehrschule Floridsdorf ins leben gerufen wurde.

Noch mal kurz zur Wiederholung. Die Grundausbildung dauerte in etwa 100 Tage, davon 60 Tage Branddienst auf den Hauptfeuerwachen Favoriten, Mariahilf und Leopoldstadt; etwa 22 Tage technischer Dienst in Hernals und 18 Tage Schadstoffdienst in Liesing.

Unsere Schwerpunkte waren die Beherrschung aller technischer Geräte auf den Gruppenfahrzeugen. Dazu gehörte nicht nur das fehlerlose Bedienen, sondern selbstredlich das Auffinden und auch das Zerlegen und genaue Erklären der einzelnen Geräte. Darunter waren zum Beispiel die Geräte Greifzug, pneumatische und hydraulische Hebegeräte, Motorkettensäge, Trennschleifer, Handkreissäge und dgl..Weiters die Pölzung von Baugruben, Mauern und Decken. Grundlagen von Strom, Wasser, Gas, Baukunde, Öffne von Türen und Fenstern und öffentliche Verkehrsmitteln. Sehr intensiv wurde auch das Thema Befreien von eingeklemmten Personen in KFZ behandelt.

Wochentags, wenn die Jungmänner anwesend waren, wurde ich meistens, soweit es eben der Dienst zuließ, vom Einsatz ausgenommen, um ungestört unterrichten zu können. Zumindest wurde darauf geachtet, dass jedenfalls ein Kollege der Ausbildung bei den Jungmännern dabei ist, damit auch der vorgegebene Stoff durchgenommen werden konnte. Nach 17h, wo die Azubis nach Hause gingen, gingen wir Ausbildner wieder unserem normalen Feuerwehrdienst nach. Im Prinzip änderte sich mein Aufgabenbereich nur minimal im Unterschied zwischen Feuerwehrmann, Charge oder dann sogar Koordinator. Ich war bis zum Schluss in der Ausbildertätigkeit selbst aktiv, welches ich auch selbst von mir forderte, da ich sonst den Anschluss verlieren könnte und ich mich auch nicht nur mit administrativen Arbeiten begnügen wollte.

Die Tätigkeit als Charge im Wachebereich beinhaltet doch einige andere Aufgabenbereiche, als die der Feuerwehrmänner. Natürlich, wie eben erwähnt, hatte ich mich als Ausbildner nicht ausgenommen, und so weit ich das beobachten konnte, taten das auch fast alle anderen Chargen in der Ausbildertätigkeit nicht. In Hernals wurde bis zum Beginn der Feuerwehrschule auch der erweiterte Kurs des technischen Dienstes geschult, im Prinzip eine Verfeinerung und eine ins Detail gehende Grundausbildung. Jene Chargen, welche keine Ausbildertätigkeit leisteten, haben hauptsächlich administrative Arbeiten und aufsichtspflichtige Tätigkeiten über. Eine zweite Aufgabe, welche ich ausführte, war der Ersatzküchenmeister. War also der momentane Küchenmeister dienstfrei, auf Urlaub oder krank, übernahm ich seine Aufgaben, welche in erster Linie die Verrechnung, den Einkauf und die Gesamtleitung der Küche bedeutete.

Als das Feuerwehrausbildungszentrum immer aktueller wurde und ich mich entschied nicht mehr in Floridsdorf als Ausbildner tätig zu sein, ergab sich die Option Wachkommandant auf der Gruppenwache Steinhof, welche ich auch im Oktober 2015 annahm. Eine neue Tätigkeit, ein anderer Aufgabenbereich und einer der letzten Möglichkeiten ein Gruppenfahrzeug täglich zu besetzen. Da in dieser Zeit die Gruppenwache Penzing saniert wurde, gab es zwei Gruppen am Steinhof. Da die Wache aber relativ groß und geräumig ist, war es erträglich und ich verbrachte ein schönes, erholsames Jahr auf dieser Wache. Gerne wäre ich noch ein zweites Jahr geblieben, mein Dienstalter holte mich jedoch ein, denn die ersten Vier, also jene Chargen des Branddienstes die die vier dienstältesten sind, müssen auf der jeweiligen Hauptwache der Sektion dienst versehen. Somit hieß es wieder Hernals ab Oktober 2016 und ich bin wieder fast am Anfang meines Nachwortes.

Drehleiter und Wechsellader waren da meine Worte, welche ich am meisten besetzte oder besser gesagt derzeit annektiere. Den meisten Feuerwehrfreunden ist die Drehleiter natürlich ein Begriff. Bei der Berufsfeuerwehr Wien fährt es in der Regel der zweitälteste Kollege von Brand- und Fahrdienst. Zumeist hat sie eine Länge von dreißig Metern und wird in erster Linie zur Menschenrettung eingesetzt. Wie aber in meinem Buch schon erwähnt auch zu Einsätzen wie loser Verputz oder lose Teile, wie zum Beispiel loses Blech, lose Dachziegel oder auch Dachlawinen und Eiszapfen.

Wechsellader sind Fahrzeuge die eine Zugmaschine besitzen, welche mittels Haken und hydraulischem System verschiedene Wechselcontainer transportieren kann. In der Regel sind jene Container, welche eine gewisse Dringlichkeit bei Einsätzen aufweisen können aufgesattelt, die anderen stehen in der Garage zur Verfügung. Wenn wir Hernals als Beispiel hernehmen, dann sind die Container Schwerwerkzeug und Bau aufgesattelt, die Container Auspump und Notstrom garagiert. Der Wechselcontainer Schwerwerkzeug wird hauptsächlich zu den Einsätzen mit LKW's, öffentlichen Verkehrsmitteln und Einsätzen, wo mit den hydraulischen Werkzeugen der Gruppenfahrzeuge kein Auslangen erreicht wird. Beim Wechselcontainer Bau sind Utensilien verpackt, welche zu den Einsätzen „Einsturzgefahr" oder allen Belangen welche mit Pölzungen jeder Art und Untersuchungen von einsturzgefährdeten Objekten zu tun hat. Im Unterschied zu den Gruppenfahrzeugen sind die Wechsellader nicht sektionsgebunden, sondern fahren im gesamten Wienerraum aus. Natürlich ist die Häufigkeit dieser Einsätze, auch wenn sie sich auf gesamt Wien ausbreiten viel geringer, als jene der Gruppenfahrzeuge.

Das eine oder andere mal war ich auch schon die älteste Charge im Branddienst und somit Zugskommandant. Hier hat man in erster Linie wirklich nur mehr administrative Arbeiten zu erledigen, wobei in erster Linie der Dienst für alle Feuerwehrmänner und allen Chargen des Branddienstes eingeteilt wird. Also dienstfreie Tage, Urlaub und Krankenstand so zu koordinieren, dass jeweils, wenn wir jetzt Hernals hernehmen, 34 Personen im Dienst sind. Als Zugskommandant fährt man immer Kommandofahrzeug.

In kurzen Worten, aber doch im Großen und Ganzen, waren das meine Tätigkeiten in den letzten Jahren und es werden auch die Aufgabenbereiche in den kommenden letzten, etwa acht Jahren, sein. Ob es Hernals bis zu meiner Pension bleibt oder ich zum Schluss doch noch einen Sektionswechsel betreibe, es liegt in den Sternen.

Schlussendlich möchte ich noch die Einsatzsituation aus der Sicht des Kommandanten schildern, und wie kann man das besser, als an Hand von Beispielen, wobei ich ja schon ein Exempel in meinem Buch vor meinem Nachwort gab.

An einen Einsatz kann ich mich noch sehr gut erinnern, einerseits, da er erst vor kurzem stattfand, nämlich Juni 2018 und andererseits, da er anders ablief, als geplant. Hierzu meine ich, dass jedem Einsatz einer gewissen Ablauf zugeordnet wird, also, wie er eigentlich laut Lehrbuch und Dienstanweisung ablaufen sollte. Man kann es auch das Schöne oder Interessante an unserem Beruf bezeichnen, dass es eben diese Abweichungen gibt, eigentlich könnte man fast behaupten das kein Einsatz dem Anderen gleicht, obwohl es die selbe Einsatzart darstellt. Natürlich ist das zum Beispiel bei einem Verkehrshindernis relativ schwierig, obwohl es auch hier Abweichungen vom Normalfall geben kann. Man bringt nicht die Motorhaube auf, um die Batterie abzuklemmen, da sie genau dort so verbeult ist. Oder der PKW hatte so eine Wucht, dass viele geparkte Autos, aber auch Verkehrsschilder und Geschäftsauslagen betroffen waren. Aber auch einfach, wenn es zum Beispiel Hybridautos oder Elektrofahrzeuge sind. Bei diesem Einsatz, welchen ich ein wenig genauer erzählen möchte, hat die Abweichung jedoch fast Leben von Feuerwehrmännern gefährdet, und da ist das Schöne oder Interessante gleich sehr unwichtig, aber der Reihe nach.

Anfang Juni, wochentags, etwa vier Uhr nachmittags. Das Wetter war sehr schwül, es hatte um die 30 Grad. Normalerweise reicht es, wenn man sich zweimal um die eigene Achse dreht, um sich vielleicht ein Getränk zu holen oder mit den Kindern ein wenig herumtollt, dass die Schweißperlen an der Stirn stehen und das T-Shirt durchnässt ist. Glücklicherweise dürfen wir an solchen Tagen mittlerweile auf der Wache kurze Hosen tragen. Als ich das Buch vor etwa 12 Jahren schrieb, war das noch undenkbar, heutzutage unerklärlich. Wieder eine Änderung zu damals, diesmal zu 100 Prozent positiv. Aber natürlich, wenn das Licht angeht, also wenn es alarmiert, haben wir uns der Einsatzart entsprechend auszurüsten, diesmal war es „Brand in einer Tiefgarage".

Die Adjustierung heisst in so einem Fall „Branddienst zwei", also Überhose, Branddienstjacke, Helm, Stiefel und Handschuhe. Da ich ja so gerne die Zeiten vergleiche, vielleicht ganz kurz die Veränderung der Adjustierung, und zwar von meinem Beginn, also Februar 1988 und heute. Die Jacke, welche ich 1988 noch zum Brand tragen musste, hab ich heute noch im Garten an, wenn ich im Winter arbeite. Man sieht, die Qualität passt, aber auch, dass ich nichts zugenommen habe. Nur die Sicherheit, welche die heutige Ausrüstung bedeutet, ist in dieser Zeitspanne so enorm gestiegen. Quasi meine Gartenjacke ist eine Stoffjacke, welche eine kurze Zeit der Witterung standhält, Schutz gegen Hitze, ich sag einmal so gut wie eine mehrschichtige Stoffjacke eben hat, nur war sie eben ein wenig durch Inprignierung brandhemmend. Unsere Hose, die wir damals im Brand trugen, haben wir heute noch. Wir verwenden sie zur Adjustierung auf der Wache, alarmiert es, wird sie ausgezogen und eine eigens dafür vorhandene Branddiensthose wird angezogen. Bis vor etwa 8-10 Jahren gab es noch eine sogenannte Überhose, die im Brandfall über die vorhin genannte übergezogen wurde. Ansonsten, also bei technischen Einsätzen wurde jene, welche wir jetzt nur auf der Wache tragen, verwendet. Also 1988 trugen wir auch im Brand diese Hose, danach wurde eine Überhose angeordnet und nun haben wir eine eigens dafür konzipierte Hose. Die Handschuhe waren damals einfach längere und festere Lederhandschuhe, heute werden brandschutzgerechte Handschuhe verwendet. Der Helm war bei meinem Eintritt ein sogenannter Spinnenhelm. Der Name kommt von der Verzierung, die auch ein wenig zur Versteifung beitrug und ein wenig an eine Spinne erinnert. Es war lediglich der Kopf bis zu den Ohren geschützt. Jedoch in den neunziger Jahren wurde bereits der Vollvisierhelm eingeführt. Der Helm reicht weiter über die Ohren, schützt den Nackenbereich, hat zwei Visiere für Brandschutz und technische Arbeiten und kann die Atemschutzmaske so integrieren, dass wirklich der gesamte Kopfbereich abgedeckt und geschützt ist. Die Sicherheit ist zudem gegenüber damals enorm gewachsen. Heute könnte man im Extremfall einige Minuten einer direkten Wärmestrahlung von vielen hunderten Graden ausgesetzt sein, wäre das damals passiert, in sekundenschnelle hätten wir Feuergefangen und wären mit schwersten Verbrennungen erlegen. Auch hier möchte ich behaupten, dass sich der Fortschritt rein positiv entwickelt hat, vielleicht mit einem Wermutstropfen. Die Hitze kann bei voller Adjustierung enorm lange nicht bis zum Körper vordringen, jedoch kann aber die Wärme, welche wir in diesen

Situationen selbst entwickeln auch nicht weichen. Enorme Schweissausbrüche bis zur Überhitzung und Dehydrierung sind die Folge, vor allem in den Sommermonaten.

Bin nun ein wenig abgeschweift, erschien mir wichtig, kommen wir zum Einsatz „Brand in Tiefgarage". Mit kurzer Hose und T-Shirt lief ich die Stufen hinunter, ich befand mich gerade im Ausgleichsraum, welcher sich immer noch im zweiten Stock befindet. Laut Ausrückeordnung wurde das Kommandofahrzeug, die Drehleiter und zwei Gruppenfahrzeuge alarmiert, ich war an diesem Tag zweiter Zugskommandant und fuhr somit Drehleiter. Klingt vielleicht komisch, dass bei einem Brand in einer Tiefgarage eine Drehleiter mitfährt. Der Gedanke dabei ist, dass wenn die Verrauchung enorm ist, eventuell darüberliegende Wohnungen betroffen sein können. Außerdem hat die Drehleiter zwei Lüfter aufgerüstet, einer elektrisch, der Andere motorisch, welche um vieles effektiver als die der Gruppenfahrzeuge sind. Wir begaben uns also mit flotten Schritten in das Erdgeschoss, wo sich unsere Gitterspinde befinden, adjustierten uns wie erwähnt und setzten uns auf unsere Fahrzeuge. Die Kollegen des Fahrdienstes kamen ein wenig später, ich denke mal 30 Sekunden, da die Anfahrt kompliziert war und sie sich auf Plänen vergewissern mussten. Mit Folgetonhorn und Blaulicht ging es Richtung Hernalser Hauptstrasse, der Verkehr war dicht und somit mühsam. Nach wenigen Minuten wurden wir bereits über Funk verständigt, dass es mehrere Anzeigen gibt, ein sicheres Zeichen, dass es wirklich brennt. In dieser Einsatzart ein sehr seltenes Ereignis, da es oft reicht, wenn ein Fahrzeug durch das Starten eine größere Rauchwolke entstehen lässt, dass Leute an einen Brand glauben und anrufen. Andererseits schlägt auch die Brandmeldeanlage dann an und die Alarmierung erfolgt. In diesem Fall gab es nur eine interne Brandmeldeanlage, also nicht am TUS Netz angeschlossen, dass heisst, es müsste dann jemand vor Ort die Feuerwehr alarmieren. Dies geschah nicht, sondern es wurde von mehreren Personen der Brand bemerkt und angerufen. Als wir in die Hernalser Hauptstrasse stadtauswärts einbogen, wussten wir warum mehrere Anzeigen waren, ein dicker schwarzer Feuerpilz war am Himmel zu sehen. Wir hatten aber sicher noch so an die 10 Minuten Anfahrtszeit. An Hand der Tatsachen ließ unser Offizier, an diesem Tag ein junger, sehr ruhig wirkender Dienstvorgesetzter eine zusätzliche Gruppe nach-alarmieren, vielleicht hat er sich auch am Fahrzeug mit dem Zugskommandanten abgesprochen. Die Wohnsiedlung, ein erst seit kurzem gebautes Objekt, lag in einem Hang gebaut, die Zufahrt zur Adresse war eine enge Sackgasse. Die vor Ort befindlichen Personen gestikulierten uns bereits herbei, eine Schar von Schaulustigen hat sich bereits gebildet. Eventuell waren auch viele bereits aus dem betroffenen Wohnhaus mit ihren Kindern geflüchtet. Das betroffene Haus hatte gleich anfangs eine relative kurze Einfahrtsrampe zur Tiefgarage, welche aber mit dem Rolltor verschlossen war. Danach kam ein kurzer angelegter Garten mit wenigen Planzen und zwei Bäumen, die noch wenig Schatten spendeten, ich denke vor ein oder zwei Jahren eingesetzt. Daneben gab es einen betonierten Weg, der zum Stiegenhaus führte, alles zusammen vielleicht 15-20 Meter breit. Die Front der Wohnanlage war also sehr schmal. Das Haus hatte sechs Stockwerke. Von unserer Sicht glaubte man, dass es ein sehr kleines Haus mit etwa zwei, drei Wohnungen pro Stockwerk sei. Der Eindruck täuschte enorm, da die Tiefe des Hauses bis zur dahinterliegenden Strasse ging, die aber von unserem Punkt aus, etwa 50 Höhenmeter darunter und zirka 100 Meter dahinter lag, pro Stockwerk gab es sieben bis acht Wohnungen. Wenn man die etwa 50 Wohnungen so einschätzt, dass zumindest jede Wohnung einen Abstellplatz hat, dann konnte man gar nicht glauben, dass hinter diesem engen Rolltor und der kleinen steilen Einfahrt sich eine Garage mit zumindest 50 Fahrzeugen befand.

Jeder wusste beim Ankommen was zu tun war. Da der schwarze Qualm mit enormen Druck aus dem geschlossenen Rolltor hervorkam, mussten wir annehmen, dass zumindest ein PKW bereits in Vollbrand stand. Der Zugang zur Garage war somit vorerst von außen schwierig, der erste Atemschutztrupp begab sich ins Stiegenhaus um von dort einzumarschieren. Natürlich gibt es bei so einem eindeutigen Brand kein Einmarschieren ohne Löschleitung, welche somit sofort gelegt wurde, dies wurde durch die zweite Löschgruppe erledigt. Die Hitze und Schwüle war im Moment vergessen, jeder war voll konzentriert und so beschäftigt, dass bereits bei jedem die unter der Brandadjustierung befindlichen T-Shirts voll durchnässt waren, aber in diesen Monaten nichts überraschendes seien. Ich selbst hatte mit der Drehleiter im Moment keine Aufgabenbereiche, da der Qualm sich nicht Richtung Wohnungen bewegte, der Wind tat seiniges und auch die besagten Lüfter im Moment nicht notwenig waren, da wir ja nicht einmal einen Zugang zur Garage hatten. Da verstreichen die Minuten, bis man sich da mal einen Überblick schaffen kann. Ich versuchte so schnell wie möglich Personen zu finden, welche einen Schlüssel für das Rolltor besassen, damit wir einerseits den Zugang erleichtern konnten, aber auch durch Öffnen der Garageneinfahrt die bereits darin befindliche Hitze und Verqualmung ins Freie zu leiten. Man muss sich das so vorstellen. Jeder der nicht unmittelbar mit dem Legen der Löschleitung oder dem Vorbereiten des Atemschutztrupps involviert ist, versucht Informationen über die Lage des Einsatzortes zu erkunden. Weiters wird sofort erfragt, ob eventuell Personen noch in der Garage sind, welches aber niemand beantworten konnte. Was wir in diesen ersten Minuten erfragen oder wie wir es nennen, erkunden, konnten, war, dass sich in der unteren Gasse, welche ich zuvor beschrieb, sich ebenfalls ein Hauseingang befand, jedoch keine Einfahrt zur Garage. Unser Offizier instruierte die dritte nachalarmierte Gruppe dahingehend, dass sie sich bei diesem Eingang einfinden sollte, er schickte seinen Melder durch das gesamte Gebäude, um die Gruppe einzuweisen. Was vielleicht noch erwähnenswert ist, zu diesem Zeitpunkt war das Gebäude selbst, also das gesamte Stiegenhaus, wie auch der Zugang zur Garage, rauchfrei.

Bis dato waren seit unserem Eintreffen in etwa fünf Minuten vergangen, der Atemschutztrupp marschierte über das Stiegenhaus zur Garage ein. Zuerst probierte man noch, wie vorhin erwähnt, das Rolltor mittels Schlüssel oder Fernbedienung zu Öffnen, da dies aber vorerst erfolglos blieb, entschieden wir uns, einen Trupp über das vordere, den Anderen beim Eintreffen, über das hintere Stiegenhaus einmarschieren zu lassen. Den dritten Trupp ließen wir, ebenfalls unter Atemschutz, da die Verrauchung vor dem Rolltor bereits enorm war, das Tor gewaltsam zu öffnen. Vermutlich ließe sich zu diesem Zeitpunkt das Tor auch nicht mehr mit dem Elektromotor öffnen, da durch die Hitze das Blech und die gesamte Konstruktion enorm beeinträchtigt waren. Trotz enormen Befragen und Hinterfragen aller Anwesenden, auch meinerseits, hatten wir immer noch nicht die Information bekommen, welche für uns so wichtig gewesen wäre, nämlich jene, dass es sich nicht um eine normale Garage handelt. Damit meine ich, eine Einfahrt in die Garage, wo sich dann eine oder maximal zwei Ebenen befinden, in dem die PKW's parken. Auch keine Beschriftung oder sonstige Anzeichen hätten drauf hingewiesen, dass es sich eben nicht um eine „normale" Garage handelte.

Das Öffnen der Garagentores war unumgänglich, die Hitze musste abgeleitet werden. In Garagen, vor allem jene, welche sich unter dem Erdboden befinden, sind die Lüftungsmaßnahmen immer zu geringfügig, damit die entstehende Wärme bei Bränden abgeleitet werden können. Die Möglichkeit des Rauch- und Wärmeabzuges durch Öffnen im Gebäude, sprich Fenster, sind ja fast nicht gegeben, die eventuellen vorhandenen Lüftungsgitter viel zu gering. Somit lautete der Befehl, das Garagentor gewaltsam zu öffnen. Jene Feuerwehrmänner, welche sich bereits den Atemschutz angelegt hatten und etwaige Öffnungsmöglichkeiten suchten, wurde dies aufgetragen. Ein erfahrener Oberfeuerwehrmann und ein Kollege mit etwa drei Dienstjahren. Der Kommandant des Gruppenfahrzeuges stand in unmittelbarer Nähe, aber in der rauchfreien Zone. Ich würde es jetzt nicht als Fehler bezeichnen, da es bei Atemschutzeinsätzen im Freien üblich ist, dass sich nur die Nummer eins und zwei ausrüsten. Wenn die Türe geöffnet ist oder eben gleich offen gewesen wäre, dann wäre natürlich der Kommandant mit einmarschiert. Auch ich stand in unmittelbarer Nähe und beobachtete so gut wie es die Verrauchung zuließ das Geschehen. Die beiden Feuerwehrmänner versuchten mittels Brecheisen das metallene Rolltor zu öffnen. Würde dies nicht gelingen, wären die Werkzeuge Trennschleifer oder hydraulische Spreizer und Schere die nächsten Optionen gewesen.

Die Verankerung dürfte nicht allzu viel gehalten haben, denn nach wenigen Minuten konnte ich erkennen, dass sich das Rolltor um wenige Zentimeter nach oben schieben ließ. Zeitgleich drückte der schwarze Rauch mit enormen Druck aus dem eben erwähnten Schlitz. Meine Vermutung war, dass bereits Reifen zu brennen begonnen haben, denn der Rauch war wirklich extrem dicht und schwarz. Eben als mir diese Gedanken durch den Kopf schossen, hörten wir einen dumpfen Knall, der uns doch ein wenig zusammenzucken ließ. Wir hatten auch immer noch keine Rückmeldung von den beiden Gruppen, welche ja über die Stiegenhäuser einmarschiert waren. Obwohl, die zweite Gruppe, welche nachalarmiert wurde, übrigens das 1.HLF Steinhof, sicherlich noch nicht so weit war. Vor etwa 1-2 Minuten hörte ich über Funk, auf Kanal 6, der interne Kanal einer Löschbereitschaft, dass sie angekommen waren.Das Ausrüsten und Herrichten der Löschleitung dauert schon seine Zeit. Meine Blicke suchten den Bereitschaftsoffizier, als sie sich trafen, versuchte er sogleich den Funkkontakt mit dem 1. HLF Hernals, jene Gruppe, die bei uns im Stiegenhaus einmarschiert ist, herzustellen. Die Rückmeldung vom 1.HLF lautete, dass sie noch unbedingt Schlauchreserven benötigen, da sie einige Stockwerke nach unten marschieren mussten, denn der Garageneingang befindet sich angeblich laut Hausbewohner im vierten Untergeschoss. Irgendwie hätte uns diese Meldung stutzig machen müssen, aber vermutlich dachte sich jeder, dass infolge des Hangbaues die Garage eben tiefer liegt. Da der Zugskommandant sich ebenfalls mit dem Melder auf die andere untere Seite des Hauses begab, ordnete ich das Verlegen der Schlauchreserven an. Die beiden Nummern drei und vier der Fahrzeuge begannen mit der Arbeit, ich half ihnen und verlor somit den Blickkontakt zu jener Gruppe, welche mit dem Öffnen des Tores beschäftigt war. In diesem Moment dürfte auch der Atemschutztrupp vom 1.HLF Hernals die Türe zur Garage geöffnet haben, denn in sekundenschnelle war das gesamte Stiegenhaus verraucht und nun quoll auch aus der Eingangstüre des Hauses tiefschwarzer Rauch. Über Funk verständigten wir das 1.HLF Hernals, dass wir aufgrund der Schlauchverlängerung nun für wenige Sekunden das Wasser abdrehen mussten. Für den Atemschutztruppführer eine sehr wichtige Information, da er in dieser Zeit jegliche Annäherung an den Brandherd zu unterlassen hat. Da das Nachziehen des Schlauches sehr arbeitsintensiv war und die beiden Feuerwehrmänner eins und zwei des 1.HLF überfordert waren, ließ ich zwei zusätzliche Feuerwehrmänner mit Atemschutz ausrüsten, damit sie beim Nachziehen behilflich sein konnten. Wenn in den nächsten Minuten das Rolltor geöffnet wird und das HLF Steinhof beginnt von der anderen Seite einzumarschieren, haben wir drei Trupps mit Atemschutz, welche das Feuer in der Garage bekämpfen. Da sich dann nur mehr die jeweiligen Nummern drei und vier der drei Gruppenfahrzeuge ohne Atemschutz befinden, ausgenommen der beiden Feuerwehrmänner, welche kurzzeitig mit der Schlauchleitung helfen, war es an der Zeit zusätzliche Gruppenfahrzeuge nachzualarmieren. Schon alleine das Stellen der Reservetrupps für die Atemschutztrupps erfordert dies. Nicht zu vergessen, die enorme Arbeitsbelastung bei diesen hohen Temperaturen.

Ich befand mich gerade im Bereich des Hauseinganges, auch im rauchfreien Bereich musste die Schlauchreserve nachgegeben werden, ich war unterstützend tätig, als mich ein doch heftigerer Tumult und Gelärme im Bereich des Rolltores aufhorchen ließ.

Ich selbst sah es nicht, aber durch Erzählungen nach dem Einsatz und nach Erfahrungswerten muss es sich folgendermaßen zugetragen haben. Die beiden Feuerwehrmänner, welche unter Atemschutz versuchten das Rolltor gewaltsam zu öffnen, waren kniend beschäftigt, den kleinen Schlitz, welcher bereits geschaffen wurde, weiter zu öffnen. Man kann sich vorstellen, welche enorme Hitze und Rauchentwicklung durch diesen Schlitz ins Freie dringen wollte. Sicht null, also die Hand vor Augen sieht man tatsächlich nicht und eine Wärmestrahlung, ich denke eine Sauna mit Winterjacke ist nichts dagegen. Mit vereinten Kräften wurde die Öffnung immer größer, bis man endlich im hockenden Zustand unter das Tor kriechen konnte und so es besser aufdrücken konnte. Der erfahrene Feuerwehrmann, welches aber ein reiner Zufall war, schob sich also unter das

Tor und versuchte es mit Körperkraft nach oben zu drücken. Irgendwann entschied er sich ein paar Schritte nach innen zu gehen, vermutlich um eine bessere Stellung einnehmen zu können. Bitte immer noch daran denken, welche enorme körperliche Belastung auf die beiden wirkte, die Sicht war selbstredlich immer noch weg. Im Normalfall tastet man sich einfach mit kleinen Schritten vorwärts, im Prinzip, was soll schon sein, bei einer Garageneinfahrt.

Nun kommt aber der Clou, wie gesagt, in meiner Dienstzeit, immerhin fast 30 Jahre noch nicht gesehen, erlebt oder erzählt bekommen; wie sagten wir so schön, es gibt nichts, was es nicht gibt!

Die Garage war keine einfache Garage, sondern eine mit Aufzug. Wie muss man sich das vorstellen, wenn man es nicht kennt. Man fährt mit dem Auto hin, betätigt den Schlüssel oder eine Fernbedienung; ein Aufzug, welcher immer in unterster Ebene steht, bekommt den Befehl nach oben zu fahren. Ist der Aufzug stockwerksgleich angekommen, öffnet sich das Tor und man fährt mit dem Auto in den Aufzug hinein. Danach schließt das Tor wieder und der Aufzug bringt einen in die gewünschte Etage, wenn es mehrere gibt. Bei unserem Einsatz gab es zwei Etagen. Die Sicherheitseinrichtung ist perfekt, das Tor öffnet nur dann, wenn eben der Aufzug ganz oben steht und keine Lücke mehr frei ist um abzustürzen. Wir haben aber das Tor gewaltsam geöffnet und als das Tor etwa einen halben Meter offen war, befand sich der Aufzug noch immer in der fünften Kellerebene, geschätzte 15 Meter tiefer. Wie schon erwähnt, von außen nicht sichtbar, dass es sich um solch eine Garage handelte. Im Nachhinein sahen wir, dass bei dem Schloss, wo man den Aufzug mittels Schlüssel holen kann, sich darunter ein kleiner Safe befand, wo Aufzugtriebwerksraum stand, welcher mit dem WEZ 2000 zu öffnen ist. Bevor ich bei dem erzählten Einsatz zu Ende komme, eine kleine Ausschweife zu den Aufzügen und die Erklärung der oben genannten Begriffe.

„Person im Aufzug eingeschlossen“, eine sehr häufige Einsatzart, welches von einer Löschgruppe abgehandelt wird. Ich denke, schon sehr viele Leuten selbst passiert, der Aufzug bleibt einfach plötzlich stehen. Es bleibt einem nichts mehr übrig, als per Notruftaste oder eben in heutiger Zeit via Handy Hilfe zu holen. Im Normalfall ist das Aufgabe des Hausmeisters. Ich denke mal, diesen Begriff kennen manche jungen Leute gar nicht mehr, eine Spezies in Aussterben. Obwohl man über sie viel gelästert und geblödelt hat, zu letzt eine Berufswahl, welche nur mehr von Migranten getätigt wurde, sie waren einfach immer da. Egal ob eine Glühbirne zu wechseln war, ob etwas im Gang ausgeschüttet worden war oder man einfach nur Auskunft brauchte, der Hausmeister wusste alles, selbst wann der Herr Maier im dritten Stock seinem persönlichen Bedürfnis nachging, überspitzt formuliert. Heutzutage erledigen das Privatfirmen, welche halt für jedes Haus ein paar Stunden in der Woche investieren, kosten tut es vermutlich gleich viel, Arbeitslose haben wir halt wieder ein paar mehr bekommen. Also was passiert, wenn man im Aufzug stecken bleibt, man holt die Feuerwehr. Gut, was machen wir jetzt. Wir schauen in welchem Stock der Aufzug steht, und ob er stockwerksgleich oder zwischen zwei Etagen stecken geblieben ist. Danach wird die Person oder Personen beruhigt und mit der Arbeit begonnen. Die Eingeschlossenen dürfen nur dann befreit werden, wenn der Aufzug stromlos gemacht wurde. Eine Sicherheitseinrichtung, welche besagt, dass, wenn man das nicht macht und man die eingeschlossene Person nach außen holen möchte, möglich ist, dass der Aufzug jederzeit wieder in Betrieb gehen kann. Ganz heikel ist es dann, wenn die Person soeben beim Aussteigen sich befindet, nicht auszudenken, was passieren könnte. Um dies eben zu vermeiden, diese Sicherheitseinrichtung. Meistens ist der Notaus im Erdgeschoss in einem Sicherungskasten oder aber auf jeden Fall im Triebwerksraum. Der besagte Raum ist meist im Keller oder an höchster Stelle ober der letzten Ausstiegsstelle, er beinhaltet den Motor und alle technischen Notwendigkeiten. Dort ist es auch möglich den Aufzug händisch soweit zu bewegen, dass, wenn sich der Aufzug nicht stockwerksgleich befindet, die Eingeschlossenen problemlos aussteigen können. Die Einschulungen für die elektrischen und hydraulischen Aufzüge, sowie den Schnellläufern erhalten wir natürlich in Schulungen. Da dieser Raum selbstverständlich für Unbefugte unzugänglich zu machen ist, ist er

versperrt und ein Schlüssel befindet sich meist außerhalb des Hauses in einem kleinen Safe, welcher wiederum mit dem WEZ 2000 versperrt ist. Dieser Schlüssel, welcher Wiener Einheitszylinder bedeutet, befindet sich auf jedem Gruppenfahrzeug und sperrt auch noch zum Beispiel alle Zufahrten oder Misträume in Wohnhaussiedlungen. Wenn das alles erledigt ist wird die Person zu guter Letzt befreit, in dem man mit einem Spezialdreikant die Aufzugstüre öffnet. Die Stromzufuhr bleibt geschlossen, der Aufzug also außer Betrieb, Angehörige des Hauses oder Wohnparteien werden an die Hausverwaltung und eine Fachfirma verwiesen.

Kommen wir zum Einsatz zurück. Nun, gleich mal vorweggenommen, der Kollege ist nicht abgestürzt. Es wäre ein Todesfall mehr, welche die Statistik aufnehmen hätte müssen. Mit Atemschutz am Rücken, eine geschätzte Ausrüstung von mehr als 30 Kilo und ein Absturz über 15 Meter in die Tiefe, das überlebt niemand, diesen Aspekt muss man ins Auge fassen. Dadurch das die Öffnung noch nicht so groß war, konnte sich der Feuerwehrmann irgendwie festkrallen, auch der zweite Kollege handelte instinktiv und zog ihn wieder auf festen Boden. Der Einsatz war für die Beiden erledigt, der Schock stand ihnen ins Gesicht geschrieben, verständlich, oder?

Vielleicht noch zwei Sätze zur Statistik zwecks Unfälle beziehungsweise Todesfälle im Dienst. In meinen dreißig Dienstjahren hatte ich selbst keine Unfälle miterlebt, also ich war an jenen Einsätzen nicht Vorort. Abgesehen von Personen, welche aufgrund von Überhitzung oder Dehydrierung Schwindelanfälle oder Kreislaufbeschwerden bekamen und kurzzeitig im Rettungsauto verweilten oder auch mitfuhren, aber am selben Tag wieder entlassen wurden. Ich möchte mich jetzt nicht festlegen, aber in der besagten Zeit waren zwei Todesfälle und drei bis vier Schwerverletzte, welche nachher den Feuerwehrdienst nicht mehr ausführen konnten, passiert. Tragisch für die Betroffenen, keine Diskussion, aber doch bedenklich wenig, wenn man zirka 35.000 Einsätze pro Jahr hernimmt. Welche Zahl sehr bedenklich erscheint, und auch die kontinuierliche Zunahme dieser Zahl, ist die Selbstmordrate der Feuerwehrmänner. Hier sind wir in den letzten dreißig Jahren weiter über zehn. Der Grund dafür? Schwer zu beurteilen, und sicherlich nicht nur mit dem Feuerwehrdienst zu verbinden, allerdings besagt die Statistik nachdenkliches. In keiner anderen Berufsgruppe ist die Selbstmordrate so hoch wie bei der Berufsfeuerwehr, leider auch in der Scheidungsrate liegen wir im Spitzenfeld. Ob es da jetzt eine Verbindung gibt, nun ich denke doch. Wenn man den Gründen, warum sich in letzter Zeit die Feuerwehrmänner selbst das Leben nahmen, glauben darf, so fallen immer wieder die Worte Familie, unglückliche Beziehung, Trennung, Kinder und eben auch Beruf. Ich denke schon, dass sehr viele Kollegen Probleme haben, Erlebtes bei Einsätzen gut zu verarbeiten. Sehr oft wird es bagatellisiert und klein geredet, aber ob man möchte oder nicht, es wird abgespeichert und lebt in uns. Wenn dann zum Beispiel eine Trennung hinzukommt, womöglich einem die Kinder weggenommen werden, dann nagt das im Unterbewusstsein und viele suchen Auswege in Bereichen, die eventuell nur kurzfristig helfend wirken, zum Beispiel in Alkohol. Gut, den nächstmöglichen Schritt will ich jetzt nicht näher erörtern. Vielleicht belächeln jetzt viele diese Worte, aber ich denke, dass das bei einigen schon zutrifft. Natürlich, sehr viele erholen sich wieder und führen danach ein normales Leben, auch gut so, aber manche schaffen es halt nicht mehr und das finde ich sehr bedauerlich.

Mittlerweile erreichten auch die beiden anderen Atemschutztrupps den Brandherd, er bestand aus vier PKW´s, welche teilweise in Vollbrand standen und gaben auch über Funk bekannt, dass es sich um eine Aufzugsgarage handle. Vermutlich wurde durch das Öffnen der Rolltüre die Sicht etwas besser und somit die Sachlage verständlicher. Fast zu spät für unseren Kollegen. Nach etwa 15 Minuten kam das „Brand aus", selbstverständlich waren die angeforderten Gruppen schon eingetroffen, Feuerwehr Neustift und eine Gruppe von Mariahilf kamen, welche dann auch die Nachlöscharbeiten tätigten, unsere Löschgruppen rückten ein und lange, intensive Diskussionen entstanden. Ich musste noch einige Zeit verweilen, da jetzt erst, als das Tor offen war, die Lüfter eingesetzt werden konnten. Der Bereich der Rolltüre wurde natürlich komplett abgesperrt und alle

Anwesenden instruiert, da eben erhebliche Absturzgefahr bestand. An die zuständige Behörde wurde ein Schreiben unseres Offiziers verfasst, welches besagte, dass solche Garagen unbedingt eine bessere und sofort ersichtliche Markierung benötigen. Böse ausgedrückt, ob etwas dahingehend passiert, ich weiß es nicht, meistens geschieht nur dann etwas, wenn etwas passiert.

Gut, eine andere Geschichte, diese endet nun hier. Bevor ich das Buch nun abschließe, vielleicht noch eine kleine Anekdote. Ein Beispiel, welches erzählt, was sich noch in meinen erlebten Feuerwehrjahren verändert hat. Zuvor möchte ich mich aber schon verabschieden, wiederum allen Feuerwehrmitgliedern, ganz egal ob Freiwillig oder Beruflich, ein gesundes Nachhause kommen wünschen und ein großes Dankeschön für die erbrachten und zukünftigen Leistungen sagen.

Ich selbst bin ja ein begeisterter Dienstsportler, will heißen, dass ich mit wenigen Ausnahmen in all den Jahren die Möglichkeit des Dienstsportes ausnutzte. Ich finde es einfach eine tolle Einrichtung, die sich vor allem von Jahr zu Jahr erheblich verbesserte. Unsere Sporträume haben sich mittlerweile so gemausert, dass sie konkurrenzfähig mit bezahlten Fitnesseinrichtungen wären. In den 80iger und teilweise noch in den anfänglichen 90iger Jahren waren die Sporträume meist in den Kellern oder den unverbauten Dachböden versteckt. Ein paar Hanteln und eventuell ein Hometrainer von veralteter Bauart waren vorzufinden. Heutzutage gibt es meist eigene Räume für den Cardiobereich, mit mindestens drei hochmodernen Hometrainern, einem Crosstrainer und meist zwei Laufbändern. Der Kraftbereich lässt an Gymnastik, Kraft und -dehnungsübungen keine Wünsche offen. Eine Saune, eine Ruhebereich und manchmal eine Infrarotkabine sind ebenfalls vorhanden. Gut, hierbei hat sich natürlich auch etwas geändert, aber eigentlich meinte ich dies gar nicht. Wenn ich entschied, sporteln zu gehen, so schaute ich fast immer, dass mir ein Kollege das erste fahren nahm. Damit meine ich, dass, wenn es alarmiert, ich mich eventuell zurückspielen kann und weiter die sportliche Aktivität betreiben kann. Fahren natürlich beide Fahrzeuge aus, dann bleibt mir nichts übrig und so schnell wie möglich, meist stark verschwitzt, mitzufahren. Im Winter eine ungute Sache, aber gut, ich denke das kann man mit Raunzen auf hohem Niveau abtun. Natürlich muss man dem jeweiligen Kollegen mitteilen, dass man sich jetzt umziehen ginge und mit dem Sporteln beginne. Früher hat man den Kollegen auf der Wache gesucht, und ihm das persönlich mitgeteilt. Oft verzweifelt, schon fast fluchend, suchte man denjenigen Kollegen, manchmal solange, dass man bereits müde vom Stiegen steigen und herumlaufen war, das Sporteln hätte man sich fast ersparen können. In weiterer Folge, also einige Jahre später, hat sich dann das Ausrufen über den Nachrichtenbeamten eingebürgert. Damit meine ich, dass ich in irgendeinem allgemeinen Raum das Telefon bediente, die Klappe eins wählte und den Nachrichtenbeamten ersuchte, er solle mir bitte jenen Kollegen auf meiner Klappe ausrufen. Danach legte man wieder auf und wartete auf dessen Rückruf, war man mit dem Sport und Duschen fertig, das ganze von neuem.

Ja und heute? Im Prinzip hat Jeder von Jedem die Handynummer. So einfach ist das heutzutage und der Nachrichtenbeamte hat auch viel weniger Arbeit. In diesem Fall mal ein Vorteil, auch wenn ich dieses elektronische Ding meist verfluche, vor allem wenn ich mir die Leute heutzutage auf der Strasse, in den öffentlichen Verkehrsbetrieben und eigentlich überall ansehe. Jeder hat dieses Ding alle paar Sekunden in den Händen, als würde es nichts wichtigeres mehr geben. Ja, und die Kinder gegenwärtig, wo wird das hinführen?

.... aber wie heisst es so schön, dies ist eine andere Geschichte.

Ende

Printed by Books on Demand GmbH, Norderstedt / Germany

He thought it might be wise to save some of the nuts, especially if he could find more berries for lunch. Meanwhile, he had the day's food. He felt so contented. He wanted to go back to sleep in the warm cave; however, he was on his own now, and the mule train would already be on its way. He wished he knew in which direction it was traveling.

He stood up to get more water and noticed the chirping of the birds had stopped; there was an odd stillness in the forest. He knelt and put his ear to the ground. He heard a soft rumble that had not been there when he had awakened. Gosi's heart picked up its beat. It could be horses with riders, searching for him, or, with luck it could be hoof beats of forty mules and their drivers.

He ran to the tallest tree in the area. He was grateful for his shoes, which were like strong moccasins. Carefully, he climbed close to the trunk where the foliage would hide him and the limbs were placed like stairsteps. He climbed rapidly, stopping occasionally to look around the area.

He was sure he could hear the *mulera's* bell. Maybe it was only wishing, but he thought he heard Jeb's voice telling the cook to make the *mulera*, the bell mule, the leader, move along. Still hiding, he climbed out on a limb.

In the distance, to the east, back the way that Gosi had run the night before, he saw a long cloud of dust. Gosi was sure it was the freight train. He watched, making plans as to what he would do when it came alongside. He realized there were five or six extra horses and riders traveling with the train. Were they searching for him? He must be extra careful, because if he were caught now, it would do no good to appeal to Jeb to save him. It would be Jeb's duty to return him to old Barnes.

Gosi quickly reviewed his plan. He was sure he could follow the train without being discovered. One thing—he could travel at night and hide during the day. A train that long would leave a trail he could follow even in the dark, and he would catch up while they rested.

He climbed down the tree as carefully as he had climbed up, then returned to his private cave. He picked up the hickory nuts. The pile for lunch he put back into his right-hand pocket and into the left pocket he put those saved for his supper. He scurried back to the stream and drank more water than he really wanted, in case the train stopped to rest across the stream, and he could not get a drink. His preparations completed he was content to watch and wait.

Gutsy was grateful for his good luck. Who else would have run away from disaster, accidentally picked the right direction, and, after food and a nice warm rest, sit and watch the train that would take him to the gold fields—and riches—and freedom—as it passed.

Who were those other riders, though? They could spoil the whole thing. They could be after him. He decided he would have to trail closely and find out their business; but, not so closely they could find him. Maybe, because it was the first day out, they would not be as organized as later; maybe, just this one day, he could follow a little closer to discover what was happening. He would have time to think about that after the trained passed by.

Jeb looked back over his freight train—forty heavily laden mules, shuffling to the rhythm of the *mulera's* bell. *Great*, thought Jeb, *they're as glad to be back on the trail as I am.* Next, he checked his helpers.

Rocky Dun, the rear scout, and Petre Jamsheski, the front scout, were in their places. Cookie was riding the *mulera*, and the three ride alongers seemed content.

Flatnose Johnson, the ex-trapper, will be a good man, even in an Indian raid, thought Jeb, *but Doc Lumpkin looks as if he needs a doctor. Bible Toting John had the look of a man whose solace might have been found more often in the bottle than in the Lord. As usual*, thought Jeb, *the louder a preacher preaches, the more he needs the preaching.*

In Westport Jeb had heard Bible Toting John preaching and had seen him drinking. Jeb considered him mighty powerful at both tasks. Still, when the two Easterners had approached him to ride along, he had told them both that Cerrillos needed a little preaching and healing.

To himself, Jeb had thought that Doc might be a mite more successful with his healing than the preacher would be with his preaching. But times were changing in Cerrillos and women cottoned to preachers and Sunday services. Besides, it would be mighty handy to have a man of the cloth to say a few words over the slow draws and the misfits as they were laid to rest on Boot Hill. As it was now, only Whiskey Bill, the saloon keeper, could do it, and the women declared it was not fitting, since most the persons needing the words had first been his drinking customers.